ウィーン、わが心の故郷

多文化が花咲く街に魅せられた異邦人たち

Wien Wahlheimat der Genies

ディートマル・グリーザー著
平田達治・友田和秀訳

大修館書店

Wien: Wahlheimat der Genies

by Dietmar Grieser

Japanese Translation published by arrangement with
F. A. Herbig Verlagsbuchhandlung GmbH
through The Sakai Agency/Orion, Tokyo

Taishukan Publishing Company, 2015

まえがき

ローマ子に生まれなくては、とローマ子たちは言う。

ベルリン子には、ケネディ以来われわれが知っているように、自分で名乗ればなれるのだ。

では、ウィーン子になるには？

移住すればよい。

それで十分なのか？

もちろん、十分ではない。

本書ではこの問題を徹底的に追求しようと思う――過去の例を選んで。選んだのは、何千何百のうちの三〇名――彼らすべてにとって、ウィーンは選ばれた故郷となった。しかし、どうしてそのようなことになったのか。また、それはどのような作用を及ぼしたのか。この街の何が彼らを惹きつけたのか。この街は彼らをどのように受け入れたのか。そして反対に――彼らは何をもってこの街にお返しをしたのか。〔訳者注：本訳書では、原著で取り上げられた三〇名のうち、日本の読者にはなじみが薄いと思われる六名を除き、二四名の話を訳出した。〕

ギブ・アンド・テイクのこのたえざるプロセス――彼らの名前で事典がまるまる一冊軽く埋まってしまうだろう。ウィーンの電話帳を見ればそれは一目でわかる。オーストリア共和国の首都は、民族的な観点からすれば、たぐいまれな貯水槽である。そして、それはウィーンが大きな帝国の首都《メトロポーレ》であった時代には、いまとは比べようのないほど著しい様相を呈していた。近代ヨーロッパの文化史は、そのかなりの部分がウィーンに移住し、この街を故郷とした者たちの歴史なのである。

プリンツ・オイゲンはフランスから、ヴァン・スヴィーテンとジャクイーンはオランダ、テーオフィール・ハンセンはデンマーク、ロレンツォ・ダ・ポンテとアントニオ・サリエリはヴェネツィア、ラウル・アスランはギリシア、スペイン人の血を引くアルフレッド・ピッカヴァーはイギリスからやってきた。ベートーヴェンとブラームス、グルックとシカネーダーは生粋のドイツ人である。メッテルニヒにゲンツ、フェルンコルンにゼンパー、ビルロートにトーネット、ラウベにヘッベル、ロッテ・レーマンにシャルロッテ・ヴォルターもまた然り。ウィーンではアブラハム・ア・サンクタ・クララと名乗っていたヨーハン・ウルリヒ・メーガーレはバーデンの出だし、ゲーテの息子の嫁オティーリエは西プロイセンの出身である。アルヤ・ラクマーノヴァにニコライ・バシロヴィチ・コーベルコフ、この二人はロシア人。ミチコ・タナカとミツコ・アオヤマは日本人である。バシリオ・カラファティはトリエステからやってきたし、ウィーンを選んだ者たちが織りなすこのギャラリーのなかで、もしかするともっとも風変わりな見本かもしれないアンジェロ・ゾーリマンはアフリカ出身だ。

彼らに、また彼らとともにボヘミアの仕立屋であれ、スロヴェニアはゴッチェー〔現コチェーヴィエ〕の乳母であれ、名も無き人たちの大群に共通していることは、遠くからやって来て、おのれの生涯の仕事を、みながウィーンで成し遂げたということである。そしてその分だけ、ウィーンを豊かにしたのだ。外国人敵視というのが今日のスローガンのひとつであり、ウィーンもまたそれと対決しなければならないのである。だが本書で扱うのはその反対、外国人に対する親密さだ。そして、その親密さがもたらし、いまももたらしている実りである。

私の本の読者が本書の企画を耳にしたとき、この機会に私自身についても何ごとかを語ったらどうかと盛んにすすめてくれた。私もまた移住者がこの街の一部となり、ウィーンで職をまっとうし、それどころか、おのれの人生の幸福を見出した者の格好の例ではないか、と。

じゃそうしよう。見聞したいという望みがここにとどまるという決意へと固まったあの移行期について、ほんのちょっと光を当ててみようと思う。むろんそこからおごそかな宣言、ごたいそうな愛国的信条を期待している人は、失望することになろう。ウィーンでは日常のこまごまとした事柄が、ほかのどの街よりもこの街との相性（あるいは反発）を決定づけるのだ。私の場合、幸運にも最初の日から相性のほうが優勢であった。

ハノーファーで生まれ、ザールプファルツで育ち、ミュンスターで学生時代――そのときにまた初めての外国滞在の期が満ちたと言っていいだろう。自らかなりウィーンに入れ込んでいた教授の一人が、私をこの街へと送り出したのである。一九五五年に占領国とオーストリアの間で結ばれたオーストリア条約から三年後の当時にあっては、それは向こう見ずといってもいいほど無分別なことであった。（摂理というものを私は信じたくはない。）もし信じておれば、当時逆の道に進んでいた。ドイツのほうが多く稼げたし、人々の身なりもよかった。それにこんなとろくさい路面電車や、トイレが吹き抜けになった、ぞっとするような住居など、およそ考えられなかった。

私は夜行でウィーン西駅に着いた。それもあろうことか、朝の六時というありえない時刻に。そのあと私を待ち受けていたのが手荷物取り扱い窓口の、私の荷物を保管していた不機嫌な小役人、それに、ドナウ運河ネズミが住みついていそうな雰囲気のホテルの窓のない部屋。こんなひどい仕打ちの集中攻撃に魅力を感じることができるのは、マゾヒストだけである。いまでも西側から東側へ旅するときのような、ちょっとそんな感じだった――気が滅入るけれど、同時にまた元気づけられるのである。とにかくわれわれのほうがましじゃないか、二、三日じっくり見てみろよ、そのあとはさっさと立ち去るだけだ。

しかし、私はとどまった。

一種のたえざる恍惚状態に私を置いてくれるような、同時に、つぎにいったい何が来るのかという好奇の状態に置いてくれるような、さまざまな出来事が、私の新しい人生に生じた。どんどん物事が引き延ばされて終わろうとしない、そういう段階である。

当時私はマリアヒルフ通りの商業地区の真ん中に住み、あまり騒がしくない路地の一つで日々の買い物をした。私は常連客となった。みんな私の好みを知ってくれた。ソーセージスタンドのおかみさんは、私に気づくやもう遠くから、「いつものようにバスキッシュ百グラムかい？」と楽しげに呼びかけてくれた。そして私も、同じように楽しげにうなずくのだった。もうとっくにバスク・ソーセージに飽きてしまってからも、私はそれをやめなかった――おかみさんがそれを本気にしていたとしたら、実に気の毒だ！

それからある日のこと、バスキッシュは姿を消した。おかみさんがどれほど八方手をつくしても、もうそれを手に入れることはできなかった。私にはちょうどよい潮時だった。彼女だけが、それでもうよしとはしないようだった。繰り返し、この触れて欲しくない点にもどってくるのだ。ときには嘆き、ときには確信を持って。くよくよしないことだよ、まだすべてが無くなったわけじゃない、あれはきっと手に入るよ、バスキッシュは。

第七区（ノイバウ）から第三区（ラントシュトラーセ）へ引っ越す日がやってきた。もちろん私は別の店へ買い物に出かけるようになった。そして、どれほどそうしようと思っていたとしても、愛すべきかつての古い食料品店には二度と足を踏み入れなかった。

三年後のある日曜日、知人を訪れる途中で私はくだんの一画を通りかかった。日曜日らしく着飾った中年女性が山のように言い訳をしながら行く手をふさいだ。「道の真ん中で話しかけて悪く思わないでおくれ。ただあなたに言いたいだけなんだ。バスキッシュがまた店に出てるって。」

それはソーセージスタンドのおかみさんだった。彼女は、私が姿を消したのはただただ自分が八方手をつくしてバスキッシュをふたたび入手するのに失敗したからだ、と固く信じていたのである。

数年後のいまやっと、問題はすっかり片づいたというわけだ。

大きな問題で非常にしばしば上を下への大騒ぎになることも、この街ではむろんあるだろう――だがこの街は、小さな問題に必死に取り組むその仕方で、良きにつけ悪しきにつけ日々おのれの記録を打ち立てているのである。

男性が肩まで髪を伸ばすのがオーストリアでも（そして私にとっても）流行《はや》ったとき、こんな言葉が現れた。「ウィーンでは、長髪の者でさえ、長髪の者を振り返る。」まあいいだろう。ほかの街なら彼らはたがいに通りすぎるだけだ。でも妬みから振り返ることも、コミュニケーションの一種ではある。

市立公園《シュタットパルク》のそばのカフェHが、私の最初の行きつけの店となった。その店は好都合な場所にあった。またもったいぶらずに利用できるその店の使い勝手の良さに好感が持てたし、それに何よりも、こちらが望むどんなありようにも、そこを仕向けることができたのだ。逸話めいたにおいがするのはわかっている。だがこれは純然たる事実なのだ。やっかいな状況を切り抜けねばならないときや、困難な交渉をしなければならないときはいつも、解決の場として私はこの店を選び、オーナーの女性たち――昼の部と夜の部に分かれて働いている二人の姉妹――に、あらかじめしかるべき指示を与えておくのである。これこれの場合には、どんなふうに私に話しかけるか、どんなオーラを私のまわりに漂わせておくか、どんなきっかけで私の味方をするか、といったことを。毎回実にうまくいった。私の思い違いでなければ、二人の女性もまたそれを楽しんでいた。

こうして人はウィーン子になってしまうのだろうか。

いよいよここで私は、脅しもまた一枚噛んでいたということを告白しておかねばならない。私の稼ぎがそこそこ良かったときのこと、親しくしているウィーンの一家が一時的な財政上の窮状を乗り越えねばならなくなった。私はローンで急場をしのいでやった。二、三ヶ月後には苦もなく返済されるはずだった。だがそれは一年また一年と先延ばしにされた。いつもつぎのような理由で。われわれがどれほどきみを愛しているか、きみもわかっているだろう。最終的にウィーンから出てゆこうなんて馬鹿な考えをきみが起こすことを、われわれは望んじゃいない。というわけで、われわれは金を封鎖口座に入れておくことに決めたのだ。ウィーン市役所で私ができたての国籍通達を手にした日に、口座は開かれた——たっぷり利子をつけて。

言うまでもないことは、ここでは脇に置いておいてもよかろう。つまり私はずっと以前からこの街の美しさ、文化的な豊かさ、それに、私が本を書きはじめたときに汲み出すことのできた巨大な貯えも、すっかり気に入っているのである——実にウィーンは、私の文学地勢的フィールドワークにとって、理想的な地上観測所なのである。すべてがひとつの所に、手の届く範囲にある。数々の図書館と美術品のコレクション、文化研究所に大使館、交通機関——それに、「うってつけの人びと」が。

それから、最初のオーストリア本に対して、故郷にいるかと思われるような反響がやってきた。つまり、誇り高き女性管理人はこの出来事を紋章付きのナップクーヘンで祝うことを強く主張したし、心をくすぐられた本省の部長は、大胆にもこの物書きの新市民をオーストリア国旗でくるみたいという無茶な願いを抱いたのであった。もしかすると、完全な同化をあっさり諦めてしまう絶えざる証拠は、もっと多いのかもしれない。ウィーンでは路面電車に乗るとき「後ろ」(rückwärts)からと言うのが普通だが、誰も私が「後ろ」(hinten)と言うのを妨げはしなかった。またひと目見ればそれとわかるバイエルンのプロイセン人とは異なり、私は民族衣装を着て媚びることを何らしなくともやってこれたし、それに、当地の発音がスラブ化するという一般的な傾向にしたがって、私のドイツ語の姓をボヘミアふうに「クリーサ」と言われても〔本来の発音は「グリーザー」〕、私のほうではそれを冷静に受け入れたのである。選ばれた故郷ウィーンへの帰化が成功したしるしとして。

私についてはこれで十分だろう。ほかの人たち、偉大な人たち、有名な人たちに向かおう。彼らの場合はどうだったのだろうか。

ウィーン、わが心の故郷

多文化が花咲く街に魅せられた異邦人たち

目次

まえがき……v

パリからきた傭兵……3
プリンツ・オイゲン・フォン・サヴォイエン

けっこうな結婚相手……11
クレーメンス・ロータル・ヴェンツェル・フォン・メッテルニヒ

ひそかな出産……21
オティーリエ・フォン・ゲーテ

ウィーンの奇跡……33
フリードリヒ・ヘッベル

「空気が独特の……」……44
ルートヴィヒ・シュパイデル

「ルターがわれわれを引き裂いた」……55
ハインリヒ・ラウベ

「伯爵夫人、舞台へどうぞ」……65
●シャルロッテ・ヴォルター
静かなプラーターの小道で……76
●アデーレ・ザンドロック
別離と帰還……88
●レーオ・スレザーク
熱いお風呂……100
●ロッテ・レーマン
不釣り合いなカップル……114
●ミチコ・タナカ＝マインル
仕事中の悪人……124
●アントニオ・サリエリ
ハイドンの手からモーツァルトの精神を……133
●ルートヴィヒ・ヴァン・ベートーヴェン

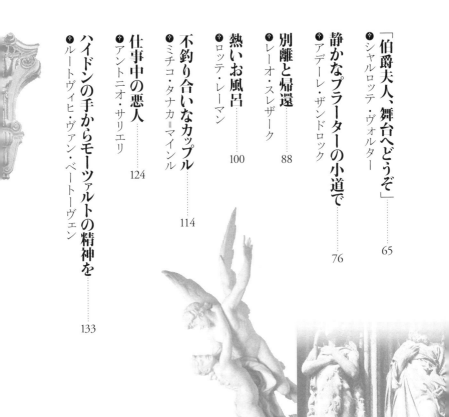

陽気な街……142
●ヨハネス・ブラームス

英雄広場……153
●アントーン・ドーミニク・フェルンコルン

「ここに、ドイツの石工が神のみもとに眠る……」……161
●フリードリヒ・フォン・シュミット

存命中にできた記念碑……172
●テーオフィール・ハンセン

三グルデンの椅子……181
●ミヒァエル・トーネット

皇帝の手になるひだ襟……190
●ゲーラルト・ヴァン・スヴィーテン

金の鎖で……199
●テーオドーア・ビルロート

あらゆる種類の商品……210
●アルフレート・ゲルングロース

王侯貴族のムーア人……216
●アンジェロ・ゾーリマン

国王陛下の近侍……226
●ジャン・バティスト・クレリ

不思議な変容……236
●ミツコ・アオヤマ

訳者あとがき……247

写真・図版出典……253

凡例

〔　〕……本文中に挿入した訳注

＊……該当の語句について傍注のかたちで示した訳注

ウィーン、わが心の故郷

――多文化が花咲く街に魅せられた異邦人たち

パリからきた傭兵

●●プリンツ・オイゲン・フォン・サヴォイエン

プリンツ・オイゲン〔本名〔ドイツ語表記〕Eugen Franz von Savoyen-Carignan 1663-1736〕はフランス貴族の家柄に生まれ、長じてオーストリアで活躍した軍人・政治家。対オスマン帝国、対フランスとの戦争などで目ざましい軍功をあげ、晩年はウィーンの自ら造営したベルヴェデーレ宮殿に住んで、政治的にも大きな影響力をふるった。

●コンプレックスをばねに

個人心理学の創始者で、ジークムント・フロイトの激しい敵対者だったアルフレート・アードラーは、主著のひとつが出たときに、つぎのような表題をつけた。『器官劣等性の研究』。言いたいことはこうだ。いずれの人間も器官の構造という点では不完全である。だがそれを埋め合わせるような並はずれた業績へと、人を駆り立てうるのが、まさにこの劣等性なのである。クララ・シューマンの例。子どものころから彼女は言語障害に苦しんでいたので、それだけいっそう音楽にのめり込み、時代のもっとも有名なピアノの大家となった。古代ギリシア最大の雄弁家デモステネスは生まれつき吃音であった。作曲家のフリードリヒ・スメタナは聴覚障害に苦しみ、画家のトゥールーズ・ロートレックは身障者として生涯をすごした。

そしてプリンツ・オイゲンはとても体が小さかった。アルフレート・アードラーの論にしたがうなら、彼はそれにもかかわらずではなくて、まさにそれゆえに時代のもっとも偉大な将軍となったのである。

左腕が萎縮していた皇帝ヴィルヘルム二世は、とくに武力で脅しつけるような態度をとった――アルフレート・アードラー第二のテーゼの典型例である。つまり器官の不備は埋め合わせとなる業績へと向かわせるだけでなく、力への衝動もつくり出す。自己を主張するため、外見上不具合のある者はそれだけいっそうまわりの人間を強く支配しようとするのだ。

●評判の悪い名家

二〇歳になろうとするサヴォワ＝カリニャン家のオイゲン・フランツが、どう見ても似合いそうにない僧服を軍服にかえて、国王ルイ十四世に仕える決意を固めたとき、王は体が小さいために彼を素っ気なく拒否し、オーストリアの陣営へと追いやってしまったのだった。皇帝レオポルト一世はこの追い出された外国人を両手を拡げて迎え入れた。ヴェルサイユにあるパリの王宮での屈辱的な謁見からきっかり半年後に、今後第二の故郷となる街に彼は足を踏み入れる。ウィーンにだ。

一六六三年一〇月一八日、パリのド・ソワッソン館で生まれた彼は、サヴォワ＝カリニャン伯爵のユージェーヌ＝モーリスの五番目の子どもだった。伯爵はヨーロッパの主要な王家のうちの三つ――ブルボン家、ハプスブルク家、ヴィッテルスバッハ家――との縁戚関係を誇ることができたが、彼自身はフランス軍の取るに足りない将軍で、戦場よりもトランプ台で目立つような人物だった。母親はイタリア人のオリンピア・マンチーニで、のちの太陽王が成人に達するまでフランスの舵を取ったマザラン枢機卿の姪であり、ルイ十四世の愛人であるあいだは宮廷の恩恵を受けたのだった――しかしのちには追放者として彼女の運命は反転する。というわけでオイゲンの生家は、ちなみに経済的にも恵まれてはおらず――つまり評判の悪い名家と呼ぶこともできよう。

片親が亡くなったとき、オイゲンはまだ十歳にもなっていなかった。謎の熱が三八歳になったばかりの父親の命を奪ったのである。その六年後パリで連続毒殺事件が明るみに出て、その責任が占い師兼にせ医者の女性カトリーヌ・デザイェに負わされたとき、オイゲンの母オリンピアにも刑事訴訟の危機が迫る。すなわち、二人の女性が一緒になって陰謀を企てたといわれたのである。夫殺しの嫌疑は根も葉もないものだったが、悪い噂は容易に消し去ることができず、宮廷での陰険な陰謀がもう一仕事をして、四〇歳の彼女は追放への道を選ぶしかなくなった。彼女はブリュッセルへ逃れる。

●不遇をかこった青年期

そのあいだにド・ソワッソン館ではオイゲンの祖母が家政の切り盛りを引き受けていた。十九歳になった彼にとっては、喜びがなくつましい時代のはじまりである。身分のある人のかわりに、彼は侍女や従者たちとつきあった。事情通をもって任じる噂好きのリーゼロッテ・フォン・デァ・プファルツは、選帝侯妃ゾフィー・フォン・ハノーファー宛の手紙のなかで、プリンツのことを「汚らしい、まったくもってだらしのない男の子で、将来に何の希望もない」と言っている。彼の外見にも、彼女はほんのすこししか好感を持てなかった。「ありのままのプリンツ・オイゲンは、やや上を向いた小さな鼻、すごく長い顎、それに上唇がとても短いのでいつもすこし口を開けていて、幅の広い歯を二本見せています……」

こんな発育障害をかかえたような小柄な男がいったい何になれるのだろうか。一家は追い出すことを考えた。母なる教会に彼を引き受けてもらいたい。代償としてサヴォイエンとピエモントの教会禄を譲渡する。というわけで、オイゲンはほとんど大人になるかならないかのうちに――一六八一年のことである――在俗聖職者の「アベ」(僧院付き聖職禄の所有者)にされた。もちろん彼自身にとって聖職者としての人生は、これっぽちも魅力のあるものではなかった。大人になる前からすでに彼は、聖書研究よりカエサルとアレクサンダー大王を読むことを好み、置かれた境遇に逆らって前例のない行動をとり――そのすぐ後にはもう法衣を脱ぎ捨て、生家を追い出されて友人たちのところに身を潜めたのだった。彼に隠れ家を提供したあやしげな理髪師、彼に金を貸し与えた甘やかされたパリの金持ちの道楽息子たち、それに羽目をはずして同性愛にふけった「美しい小姓たち」の話が残っている。ここでふたたびリーゼロッテ・フォン・デァ・プファルツがみごとな情報収集家ぶりを発揮している。彼女は女友達の一人にこう書き送る。「彼が法衣を捨てたとき、若い人たちは彼のことをマダム・シモンとマダム・カンジエヌとしか呼ばなかったの。というのも、みんなは彼が若い人たちのところでしばしば女性を演じることを要求したからよ。というわけで、私がプリンツ・オイゲンのことを本当によく知っていることが、あなたにもわかるでしょう。」

●仕官を求めてフランスからオーストリアへ

知り合いのなかでもルイ＝アルマン・コンティなる人物がとくに親しい友人だった。大公妃ド・ラ・ヴァリエールとの関係から生まれたルイ十四世嫡出の娘と結婚した彼は、宮廷に最大のコネをもっており、一六八三年三月、オイゲンのために王の謁見を何とか実現してやることができたのだった。十九歳のオイゲンは自分が将校に向いていることを実証したがっており、軍での高い地位を陛下に請い求めた。だが、あまり見栄えのよくない外見のせいか、あるいは彼の母親がかつての愛人をフランスから追い出した王と反目していたせいか、ルイ十四世はこの請願者をにべもなくはねつけた。言い伝えによると、のちにこの出来事についての意見を求められた王は、こう答えたという。「願いはつましいものであったが、請願者はそうではなかった。怒ったハイタカ（鷂）のようにあつかましく私の顔をじっと見た者などいまだ誰もいなかったのだ。」

深く失望しかつ傷ついた「怒ったハイタカ」はその結果、彼が仕えることをすげなくはねつけた故郷に背を向け、目下トルコ軍のウィーン進撃を食い止めることで手一杯のハプスブルク家で、運をためす決意を固める。オーストリアは有能な兵士を必要としていた。皇帝レオポルト一世は、首都をトルコ軍による包囲から解放してくれる援軍を編成するべく、なりふりかまわず仕事にとり組んでいた。すでに兄のルートヴィヒ・ユーリウスもオーストリアに寝返ったのではなかったか。ペトロネル近郊の戦いでトルコ軍によって負傷した彼はウィーンで亡くなり。聖シュテファン大聖堂に埋葬されたのだった。

プリンツ・オイゲンは一人でフランスを脱出したわけではなかった。彼にルイ十四世の――期待はずれの――謁見を用意してやった若いルイ＝アルマン・コンティも仲間に加わったのである。だが逃亡者たち――オイゲンは女装していた――はフランクフルトまでしか行けなかった。国境を強行突破したあと、フランス王の特別全権大使であるジョゼフ・ド・クサントレーユが二人に追いついて捕らえ、おまけにそのうちの一人を改悛の情を示して帰国させることに成功した。コンティである。それに対してオイゲンは約束によっても脅しによってもひるむことなく、未知の世界への旅をつづけ、ひとり馬に乗って進み、レーゲンスブルクで追放の身の母親がブリュッセルから送ってくれた推薦の手紙を受けとった。そして、トルコ軍から逃げ出したオーストリア宮廷が暫時の滞在地としていたパッサウについに到達する。

●ハプスブルクの軍隊で武運開く

オイゲンはドイツ語はひとことも話せない。母国語のフランス語のほかにイタリア語ができた。

それに聖職者の道を進むように言われたときに、もちろん十分なラテン語の知識も習得していた。というわけで、彼はハプスブルク家に勤務を申し出る請願書をラテン語で起草することになる。パッサウの小さな司教館に居を構えていた皇帝レオポルト一世はその書類を個人的に受けとり、スペインの全権大使マルケーゼ・ボルゴマネロが謁見を仲介した。オイゲンは聡明であると同時に影響力の大きな皇帝に、あとあとまで残る印象を与えたようであった。

❶プリンツ・オイゲン（ヤーコプ・ヴァン・シュッペン画，1718年）

それでも彼は自分の連隊はもてなかった。「志願兵」の役割で満足せねばならず、いとこのルートヴィヒ・ヴィルヘルム・フォン・バーデンの旅団で、司令部付き将校として勤務した。しかし、とにもかくにもいまや皇帝軍の一員であり、九月一二日、カラ・ムスタファ軍に対する勝利をもたらしたウィーン郊外の決戦で、ようやく二〇歳になろうとしていた彼は、カール・レオポルト・フォン・ロートリンゲン公のもとで初陣を果たしたのであっ

❷ベルヴェデーレ宮殿上宮（オイゲン公が居住した宮殿。J. L. v. ヒルデブラントの設計。）

た。もうその日の夕刻のうちに――トルコ軍は退却をはじめ、解放された街は歓喜に沸き返った――パリからきたこの若い傭兵は初めてウィーンに足を踏み入れた。そしてほんの二ヶ月後、一六八三年一二月一四日に彼の夢は達成される。オイゲン・フランツ・フォン・サヴォイエン＝カリグナンは陸軍大佐に昇格し、竜騎兵連隊「キューフシュタイン」の指揮をとるのだ。

残りは世界史のとおりである。新たな故郷で出世の階段に足をかけたばかりのよそ者は、つづく五二年のあいだに将軍、政治家、皇帝の顧問として、しかしまた同時に芸術品のコレクター、建築主、後援者として、おのれの名声を輝くばかりに大きくして行くことになる。プリンツ・オイゲン、この高貴なる騎士は。

けっこうな結婚相手

クレーメンス・ロータル・ヴェンツェル・フォン・メッテルニヒ

メッテルニヒ（Klemens Wenzel Nepomuk Lothar, Fürst von Metternich 1773-1859）は中部ドイツのコーブレンツに生まれ、オーストリア帝国の外相・宰相を務めた政治家。「会議は踊る」と揶揄されたウィーン会議（1814-15）を主導し、反自由主義・反ナショナリズムの王政復古の政策を老獪な手腕で展開、ヨーロッパ保守勢力の中心的存在となった。

●出世の手段としてのウィーンでの結婚

革命によって彼らは、ライン左岸の領地をすべてフランス人に奪われた。というわけで、もう一度一からやり直そうとするなら、ウィーンが理想的な選択だろう。とりわけ彼らの長男のためには。二人の息子の出来のいいほうのクレーメンスは、十七歳にしてすでに（父親が彼を伯爵団の式部官としてフランクフルトでのレオポルト二世の戴冠式に連れていった際には）、非の打ち所のない宮廷人で、外交官としてキャリアを積むように言われた。そしてできることなら、金持ちと結婚するように、と。

メッテルニヒ一家の計画はもののみごとにうまくいった。ウィーンは約束を守った。いや、それ以上だった。前宰相カウニッツの孫娘と結婚することで、ラインガウ出身の二二歳のこの男は成功者となった。「残り」は彼が自分で手に入れたのである。宰相の座についたとき、彼以前のオーストリアの政治家で彼ほど絶大な権力をふるった者は誰もいなかった……

●メッテルニヒ家の出自と傾く家運

メッテルニヒ家はライン河畔に居を構えていた。一族の館は選帝侯国トリーアの首都コーブレンツから遠からぬところにあった。この地で一七七三年五月一五日、息子クレーメンス・ロータル・ヴェンツェルは生まれた。父親のフランツ・ゲーオルク・ツー・メッテルニヒ=ヴィンネブルク伯爵はハプスブルク家を断固支持し、マリア・テレージアに公使ならびに全権大臣として仕える。折から女帝はちょうど五六歳の誕生日を祝ったばかりで、長男ヨーゼフとともにオーストリア、オランダ、ロンバルディア、パルマ、ピアチェンツァ、それにトスカーナの情勢を差配していた。しかしながら、伯爵が得た公使、全権大臣のポストはそう見えるほどすばらしいものではなかった。メッテルニヒ伯爵はあらゆる希望を実に前途有望な長男に託したのである。

一笑に付してしまえばいいような見栄にすぎないのだが、彼らは有名な先祖たちを自慢した。何百年も前からラインラントに住みついてはいたが、彼らの祖先はもともとはプロイセンの出で、カール大帝のもとでガウ〔ゲルマン民族の行政区〕の伯を務めていたというのだ。その人物はメッテルと言い、反抗的なザクセン人が異教の風習を絶つことをふたたび拒否して、王に反抗し、その関連でメッテル伯も謀反のかどで訴えられたとき、カールはたんに首を振って、こう応じたという。「いや、あのメッテルはちがう！」（Nein, der Metter nicht!〈ナイン・デア・メッテル・ニヒト〉）

これは逸話のような話である——たぶんそうなのだろう。メッテルニヒ家が十四世紀初頭以降、同じ名前の村にちなんで名づけられたということだけは確かである。その村は今日なお、ケルン行政地区の郡庁所在地オイスキルヒェンの近郊に存在している。それに対して二番目の名の由来となったヴィンネブルクは、モーゼル川のはるか上流コッヒェムという小さな町の近くに、かろうじて廃墟として姿をとどめているにすぎない。そしてボヘミアの領地——白山《ヴァイセンベルク》での伝説的な戦いで、先祖のひとりがマリーエンバート近郊のケーニヒスヴァルト城を戦い取った——は、まずはふたたび「活性化」されねばならないことになる。のちにゲーテ、ベートーヴェン、シュティフターが訪れたことでも有名になった屋敷は、クレーメンス・メッテルニヒが育った当時、抜け目のない管理人の手にあり、この男が主人の目を盗んで財産をたっぷりため込んでいた。

そのあいだに、父メッテルニヒはラインおよびモーゼル川沿いにある彼の小さな「国」を束ねるべく、あらゆる努力を払っていた。時代は味方してくれなかった。「フランスの危険」は年を追うごとに大きくなっていった。それに皇帝レオポルト二世とフランツ二世のフランクフルトでの戴冠式に参加するために彼がついやした莫大な出費も、いずれにせよお金のことに関して最適任者とは言いがたいこの伯爵の財産に、手痛い穴を開けたのだった。

●家運再興の期待をになった長男の修行

というわけで、ハプスブルク家に忠実なブライスガウ〔ラインの上流地域の地名〕のある古い一族の出である彼の奥方、ベアトリクス・フォン・カーゲンエッグが彼女の長男の人生に、また別の、お金の価値では測れない、それゆえに危機に耐えうる天分を持たせてやったことが、それだけいっそう重要なこととなった。魅力的な外見と官能的な気質である。個人的エロスを満足させるためだけでなく、つねにキャリアの目標を達成するためにも、誘惑の手管を投入するという才能は、明白に母親から受け継いだものだったし、すべてを決定づけた最初の結婚を推し進めるにあたって糸を引いていたのも、彼女だったのである。

だがそう急ぐことはない。まずは必要な教育と修業に目を向けねばならない。クレーメンスはすばらしい扶育係と家庭教師の世話を受け、コーブレンツの上流階級では人びとはウィーンよりもパリのほうに目を向けていたので、メッテルニヒ家でも日常会話はドイツ語ではなくフランス語でおこなわれた。十六歳、すでにこのとき、彼の伝記作家たちは「気どった趣味、入念な振る舞い、本当に愛すべきうぬぼれ」があったと書いているが、十六歳でこの「名家の御曹司」は名門中の名門シュトラースブルク大学に入る。当時のもう一人の偉大な野心家がちょうどそこを出たところであった。ナポレオン・ボナパルトである。四歳若い彼に将来のフランス皇帝を教えた同じ教授が、数学とフェンシングを教えたというのは、のちにメッテルニヒが自伝を飾り立てることになる多くの逸話のひとつとなる。

ちなみにシュトラースブルクは、コーブレンツ出の若者に悪い意味での驚きも用意していた。当地で彼は革命の衝撃を体験し、パリのバスティーユ襲撃の一週間後、激昂した群衆が街の市役所を占領して、すべてを粉々にたたき壊したとき、その目撃者となったのである。「私の心は悲しみにうち沈んだ！」、のちに彼はこの大変動の日々に体験したことをこうコメントし、将来の世界観を築きあげることになるのだが、それには平和的な協調と非暴力的な秘密外交とともに、頑迷な王政復古と仮借のない抑圧が必要であった。

革命はメッテルニヒ家にとっては、何よりもまず理屈抜きに、彼らが発祥の地から追い出されてしまうということを、自分たちが仕えるハプスブルク家の庇護のもとに避難所を求めねばならないということを意味していた。だがウィーンへ直接向かう道を選ぶかわりに、彼らはこの首都へ一歩ずつ近づいていった。ボヘミアの世襲財産であるケーニヒスヴァルト城が理想的な出撃基地であることが判明した。この地で——一七九四年一〇月のことである——オランダとロンドンでの不首尾におわった幕間劇のあと、二一歳の彼はいかにして断固たる処置をとるか示してみせることができた。悪化した領地財政を立て直し、欺瞞的な管理をやめさせて、収益を増やすのに、彼はわずか二ヶ月を要しただけである。

●結婚も不倫も出世の手立てに

そのあいだに母親のベアトリクスが、長男のために引く手あまたのけっこうな相手を見つけるべくウィーンに網を張る。彼女は、すこし前に世を去ったマリア・テレージアの宰相カウニッツ伯爵の息子の妻と幼なじみだった。ちょうど十九歳になったばかりの、莫大な財産の相続人であるカウニッツの孫娘マリア・エレオノーラこそまさに、若きメッテルニヒがウィーンの名門貴族の「仲間入り」をはたし、同時に財政的に立ち直るために必要とする女性だった。彼女が美しくも魅力的でもないということには、冷静な計算をする花婿は黙って目をつむった。そして世継ぎに関しては、クレーメンス・メッテルニヒは細やかな愛情のかわりに、単純に規律をもってしたのであった。

まだ結婚一年目で——結婚式は一七九五年九月二七日、ボヘミアのカウニッツ家発祥の地アウステルリッツの城でとりおこなわれた——メッテルニヒは浮気をする。おまけにフランスの新聞にはつぎのような記事まで出る始末である。「彼が女優たちとちょっとした晩餐会をおこなうために、妻子を他人にあずけるのを目にすることは珍しいことではない。」伝記作家のフンベルト・フィンクはこう言っている。「彼は誘惑し、味わう。そして誘惑され、享楽を与える。」

のちに、最初の出世の階段をのぼり、ドレスデンのザクセンの宮廷、プロイセン王国のベルリン、ならびにパリでの大使としての年月を経たあと、彼はたんなる官能的悦楽にさらに職業上の打算をつけ加えることができるようになる。もう一人の伝記作家ハインリヒ・ズィルビクはこう断じている。「彼が愛した女性たちは、彼にとっては同時に政治的情報源だった。」

●権勢を得た者の快適な暮らしと革命の嵐

メッテルニヒは歳をとればとるほど、ウィーンの快適な生活を評価することを学ぶようになる。この点でもラインラント生まれの彼は、とっくに筋金入りのオーストリア人になっていたのだ。いまや彼はすでに六年間――シュターディオン伯爵の後継者として――バルハウス広場《プラッツ》にある外務省をとり仕切っていた。人生のこの時期の頂点として、ちょうどウィーン会議を終えたところで、ついに彼は彼のために建てられたレンヴェークの宮殿に入ることができたのだった。選りすぐりの芸術品がぎっしりつまった「メッテルニヒ邸」は、広大な庭園に囲まれており、そこを彼は高位の訪問者たちとぶらつきながら、意見交換の場に利用した。夏はボヘミアの所領か、モラヴィアにある妻の地所ですごした。

一八二五年三月一九日――恩義を感じている皇帝フランツ一世によって侯爵の地位にまで引き上げられたクレーメンス・ロータル・ヴェンツェル・フォン・メッテルニヒは、四年足らず宰相としてオーストリア政府を導いていたところ――奥方のエレオノーラが世を去る。やもめ暮らしはほんのわずかだった。もうその年のうちにメッテルニヒは再婚する。ところがライカム男爵令嬢アントアネットもわずかばかりの結婚生活ののち、彼を残して一八二九年産褥で亡くなる。一八三一年に彼が娶ったジッチー・フェラリス家の若い伯爵令嬢メラーニエさえよりも、彼は五年長生きする。彼女は癌で亡くなっている。

勤勉の鑑とは言いがたいメッテルニヒは、自分の仕事を非常に効率的におこなう術を心得ていた

❸メッテルニヒ（トーマス・ローレンス画, 1815年頃）

ので、私生活のための時間がたっぷり残った。八時から九時のあいだに起きて、朝食後に家族の相手をする。午前の仕事を片づけるのに通常三時間。天気が許せばちょっとした外出を計画。午後は文通を片づけ、彼に仕える役人たちの首脳からの報告を受ける。もっとも重要なのは皇帝の謁見で、いつもきまって一九時。一時間から一時間半つづく。書類にざっと目を通し、国のあらゆるところからやってくる急使の報告を受け、親しい外交官を迎えると一日が終わり、真夜中ごろに就寝。

一八四六年に「メッテルニヒ邸」は取り壊される。跡地に建った四階建てで擬古典様式の新居は、外見はローマのチンクエチェント様式にならっている（今日そこは、一九〇〇年ごろにふたたび拡張されて、イタリア大使館となっている）。しかしながら、そのあいだに七五歳になっていた彼が新しい部屋に入るや、もうふたたびそこを出なければならなくなる。ハプスブルク家を一掃しようとするところの、そしてとりわけ彼、暴君と検閲官として憎まれていた「真夜中侯」に向けられた一八四八年の三月革命のために、荒れ狂う暴徒が彼の地所を襲って略奪をおこなう前に、ウィーンを脱出せねばならなかったのである。

●功成り名遂げた者の引退生活

一八五一年に亡命から戻ってようやく、メッテルニヒは新しい宮殿の快適さを満喫することがかなったのであった。それもいまやあらゆる公的な職務を解かれ、悠然とした助言者の役割へと退いた、あまたの勲章を授けられた年金生活者として、ひっそりと活動していただけに、なおさらのことであった。

年老いたメッテルニヒをどのように想像すればいいだろうか。訪問者の一人がそれについて記録を残している。「背の高い、ほとんどやせこけたその姿は、まだ年齢の重みに屈していないように見えたが、にもかかわらず、それは彼に影響を与えずにはおかなかった。雪のように白くて細い、だが豊かな髪、顔に刻まれた鋭い皺、それにひどい難聴がそのことを十分証している。年齢によって澄んだものとなった侯爵の顔には、かつて男も女も同じように賛嘆したあの昔日の美しさの面影が見てとれた。いまでもそれは美しい。あらゆる点で貴族的だ。もっともとんがって、痩せこけてはいるが。高貴な曲線を描くとても大きな鼻、赤い唇の繊細な口、白くてほのかで蠟のような顔色、ひいでた額の下にある明るくて大きくて青い目――醜くなったものや下品になったものは何もない。頭全体が、老いゆく自然が創り出した傑作だった。服装はシンプルで黒、外套を着ている。侯爵が客を迎える部屋は趣味がよく、くつろげるものだった。それは最上の居間で、天井が高く、明るくて大きい。ずっしりした絨毯が床に敷かれている。壁にはクルミの木でできた棚、食卓、机が自然なかたちで置かれ、その上に本が載せてある。置き時計があり、地球儀がある。その下にはボール箱。鉱物のコレクションのようだった。」

かつて絶大な権力を誇った男（そしてすぐわかるように相変わらず人気のある男）の死の年、そのレンヴェークの宮殿でなおも最後のセンセーショナルな出会いが生ずる。それは孫娘のパウリーネ・メッテルニヒにひそかに立ち聞きされた結果、少なからぬ物議を醸すことになる。外交上の追従者たちによってにっちもさっちもいかない状態に追いやられてしまった皇帝フランツ・ヨーゼフが、助言を求めたのである。しかもとんでもない時間に。周知のように早起きで知られていた皇帝は、五時と六時のあいだにメッテルニヒ邸に乗りつけたのだ。夜明けのなか、二人の男が、八六歳になろうとしている者が四二歳の腕に支えられて、庭園を歩む姿が見られた。

その二ヶ月後にメッテルニヒは世を去る。長年親交のあった侍医のイェーガーに看とられて。

ひそかな出産

オティーリエ・フォン・ゲーテ

オティーリエ（Ottilie Wilhelmine Ernestine Henriette von Goethe 1796-1872）はダンツィヒ（現ポーランドのグダニスク）生まれ。文豪ゲーテの一人息子と結婚。才気あふれる魅力的な義理の娘として文豪に愛され、『ファウスト』に出てくる「永遠に女性的なるもの」を体現した女性という評価もある一方、奔放な性格ゆえの悪評もついてまわった。

文豪に愛された義理の娘

「さんざんほめられ、さんざんけなされてきた」――『ファウスト』第二部でヘレナが口にするゲーテのこの有名な言葉は、彼女にも向けることができるだろう。オティーリエ・フォン・ゲーテ、旧姓フォン・ポグヴィッシュ男爵令嬢、愛された義理の娘である。一八一七年、彼女はクリスティアーネ・ヴルピウスとのあいだに生まれた詩聖のただ一人の世継ぎ、アウグストと結婚した。一八一八年から一八二七年のあいだに彼女は三人の子をアウグストに授ける。ヴァルター、ヴォルフガング、それにアルマだ。しかし、二人の関係は順調ではなかった。アウグストにとって天才の息子の役を

❹オティーリエ・フォン・ゲーテ（1825年頃，H. ミュラー画）

演ずるのは荷が重すぎたし、自由を愛し、交際好きの妻の優位も彼にはひどくこたえたのである。

オティーリエは感情の人である。とはつまり自由気ままということだ。機知に富むおしゃべりで、主人よりも義父にはるかに近いところに立っていたこの聡明な「かわいい人」は、おとなしくつきしたがう所帯じみた女性とはまったく異なり、思いどおりに生きてゆくことを切望した。そしてそこには結局、性的なことがらが入り込んでこざるをえなかったのである。

●軽薄な男との不倫で火傷を重ねる

オティーリエ二七歳の一八二三年は五月の終わり、一人のアイルランド人の若者がヴァイマルにやって来る——ヴァイロン卿の依頼で老ゲーテを表敬訪問するために。十九歳のチャールズ・スターリングである。オックスフォードで神学を学び、宣教師になりたがっていた。オティーリエはこの「デモーニッシュな若者」に魅せられ、彼女独特のあけすけなしかたでそれを隠そうともしなかった。夫との仲はずっと以前から冷え込んでいた。彼の外見も、彼女には不快だった。「息子はとても太っていて息が詰まりそうです」とは、この三四歳の男に対するシラー未亡人の判定である。「昨今の殿方は短いカラーをつけているので、黒い巻き毛の頭が乗っかっている彼の首は、ヘルクレスのようです。彼の顔は赤くむくんでいます。」驚くことはない。アウグスト・フォン・ゲーテは飲んでいるのだ。

チャールズ・スターリングはまるまる一年ヴァイマルに滞在したが、はじめのうちアウグストはまったく疑いを抱かなかった。ついに彼がそれに気づき、この禁断の関係に終止符を打ち、それどころかこの外国人と手紙のやりとりをすることすら妻に禁じようとしたときには、もう遅すぎた。夫婦間の溝が、かえって深まるだけであった。

しかしオティーリエも決定的な過ちを犯していた。彼女は八歳年下の恋人を理想化していたのである。だが彼のほうは、三人の子どもの母親とともに未来を築くというようなことを真剣に考えることなど、できはしなかった——一八三〇年一〇月、アウグスト・フォン・ゲーテが不治のアルコール性障害でローマにて没したときでも。一八三二年の春、オティーリエとスターリングはライン川の島ノンネンヴェーアトでなお二、三週間愛し合って過ごすが、彼らがふたたび別れたあと、彼の手紙はどんどんその数を減らしてゆき、とうとう彼は恋人から完全に身を引いてしまい、彼女に対して居留守すら使うようになる。「神々しい若者たりえたかもしれないあの人は、しだいに萎びて普通の人になってしまいます」と、オティーリエは女友達の一人に宛てた手紙のなかで諦めを漏らし、どこかほかのところで忘れるために、大あわてでヴァイマルをあとにする。その少し前に、愛する義父もまた永眠してからというもの、イルム川沿いの住居も彼女にとってはいずれにせよ厭《いと》わしいものになっていた。というのも、彼女は義父を一八三〇年の終わりの大出血以降、献身的に世話をしてきたからである。いま彼女は、彼の遺言を執行しなければならない。ゲーテ家の代理人として、彼女はフラウエンプラーンのゲーテ家でなんと気楽な生活を送ることもできたであろうに！しかしまさにそれを、彼女は嫌ったのだ。ひからびて博物館の陳列品になってしまうことを。

新たな滞在地として二次選考に残ったフランクフルトもまた、解決にはいたらなかった。妹とともに当地に滞在し、オティーリエの新たな情夫となった英国人キャプテン・ストーリーは、親しく二、三週間つきあったのち、チャールズ・スターリング同様の軽薄な人間であることが明らかになり、スターリング同様彼女の前から姿を消してしまった。いつも同じことだった。オティーリエは、その自意識がこのすぐれて進取の気性に富む女性の占有欲に太刀打ちできない、そういう男たちに惚れ込むのであった。彼らは永遠に姿を消してしまうか、たんなる友達に立ち戻るのだった。

●ウィーンでのひそかな出産と不幸な結末

一八三四年の夏、子どもたちを引きとるために――ヴァルター十六歳、ヴォルフガングは十四歳、アルマはやっと七歳になったばかり――深く失望したオティーリエがヴァイマルに帰ってきたとき、彼女は妊娠していた。父親としてはキャプテン・ストーリーしか考えられなかった。しかし彼はとっくに姿を消していた。ゆきずりの恋の子ども――それは当時、オティーリエのようなまったく因習にとらわれない女性にとっても恥ずべきことであった。というわけで彼女は人知れず出産できる場所を探さねばならなかった。ウィーンが選ばれた。

九月の終わりに出発。ウィーンの市街地フライウングの「ローマ皇帝亭」に投宿。女友達のジビル・メルテンスが財政面で援助の手を差し伸べ、もう一人の親しくしていた女性アンナ・ジェームスンが姉妹のように彼女を助け、オーストリアの指導的な医師の一人になろうとしていたロメオ・ゼーリヒマンがそのときから、大変危険な時期における信頼できる男性の側からの支えとなった。

一八三五年二月一五日、オティーリエはウィーンで四人目の子どもを出産。女の子で、アンナ・ジビラと名づけられた。この一件が知れわたることがなく、「未婚の」母も「重荷を負わず」ヴァイマルに帰ることができるように、新たに生まれた子どもはウィーンで里子に出された。裕福なジビル・メルテンスがそのために必要な小切手を振り出してくれたのだ。それどころか彼女はもっと大胆な計画を立てた。この赤ちゃんをすこしのあいだコレラに汚染されたジェノヴァに移し、そのあと孤児ということにして、適当な期間をおいたのちに連れ戻してはどうだろうか。オティーリエはこの子もまたとても愛しており、そうすれば彼女はこの子に、あたりさわりのないイタリア名をつけて人目につかないようにし、最終的には自分のもとに引き取れるかもしれないと。

だが事件が起こってこの面倒な企ては不必要になる。アンナ・ジビラが病気になったのだ。ゲレンシュトリーンという名の夫婦にあずけられていたこの幼い患者を引き受けたロメオ・ゼーリヒマン博士は、ヴァイマルのオティーリエにこう報告している。

「奥様、アンナは今日少しよい状態です。というわけで見込みはあります。しかし残念ながらまだ回復の見込みとは申せません。彼女がもう少し長く生きる見込みとしか言えないのです。彼女はとてもひどい状態でやせ細っています。」

月齢七ヶ月にも満たないまま、一八三六年七月のはじめ、アンナ・ジビラは結核でこの世を去る。今回ももちろん、できる範囲内でもみ消しが図られた。オティーリエはプロテスタントだったが、子どもにはカトリックの葬儀が用意された。死亡記録と死亡広告には亡き子の母として、「オティーリア・ストーリー、家屋所有者未亡人」と記され、ヴェーリング地区《オルト》墓地に埋葬された。三六年後の自らの死の床にあってもなお、四番目にして最後の子どもをひどいことにほったらかしにしてしまったという良心の呵責がオティーリエを苦しめ、彼女は友人のゼーリヒマンに、ウィーンの石工に墓碑を注文してくれるよう依頼する。芸術的な墓石の費用十六ターラーを彼女は同封する。「私は黄色っぽい石がきれいだと思います。でもどの色がもっとも見栄えがいいかは、あなたにお決めいただかねばなりません。」

●避難所ウィーンでの虚飾の暮らし

四番目の子どもの夭折によって、ウィーンに身を落ち着けるおもな理由はなくなった。しかしヴァイマルも彼女にとっては厭わしいままであった。そんななかで三年後、息子ヴァルターの教育が新たな局面を迎えることになる。音楽に気持ちを傾け、作曲家になりたがっていたオティーリエの長男は、しっかりとした教師を必要としていたのである。「男の人に見てもらわないとヴァルターはだめになってしまいます。気持ちの弱さ、根気のなさ、それに肉体的な脆弱さが、彼の生涯を危険なものにするのに与っているのです。」はじめての弟子として彼の面倒を見たフェーリクス・メンデルスゾーン・バルトルディは、彼を「十二歳の男の子のように」扱った——青年のほうはパニックを起こして、ライプツィヒの教室から逃げ出してしまう。ほかの教師たちによる試みがそれにつづく——それらもまた破局に終わる。ひょっとするとウィーンが救いになるのではないか。音楽の世界の首都であり、社会的に指導的な立場にあるあらゆる名家への推薦状がえられるこの街でなら、内気で神経衰弱のヴァルターもしかするとついに独り立ちできるかもしれない。

「病んでもの悲しい気持ちで」二二歳の彼は一八三九年四月、ウィーンに入る。そのとりなしに大きな期待を寄せていたローベルト・シューマンは旅立ってしまっていたが、そのかわりに彼はグリルパルツァーならびにシューベルトの親友フランツ・フォン・ショーバーの面識をえ、ウィーン劇場の楽長として活躍していたモーツァルトの弟子イグナーツ・フォン・ザイフリートの人となりのうちに、ついに教師を見出す。ザイフリートにあっては、専門知識と教育的手腕が、人間的な温かさおよび愛すべき性格とひとつに溶け合っていたのである。知り合ってから三日後にはもうヴァルター・フォン・ゲーテは、ザイフリートのもとで作曲学の第一課をすませ、最終的にそれはおよそ百を数えることになる。

翌年、母親オティーリエとヴァルターの弟妹《きょうだい》ヴォルフガングとアルマがそれにつづき、一八四二年、最終的にウィーンに移住——ヴァイマル新聞での書き込みをもって、公式的にも別れを告げる。ウィーンは高くつく。フライウングの「ローマ皇帝亭」の贅沢な住まいはすぐにホーエ・ブリュッケ一四四番地の四階にある半ば家具付きの住居と取り替えられ、最後にはメルカーバスタイに住むことになる。ヴァルターの教師の一人であるデサウアー教授、それにオティーリエが心をかよわせる友人ロメオ・ゼーリヒマンが隣人であった。隣接するパスクヴァラティ＝ハウスではベートーヴェンがしばらくすごした。「心の部屋」、子どもたちは、母親が多くの客を迎えた、ヴァイマルの思い出がいっぱい詰め込まれた婦人の居間を、そう呼んだ。朝から晩までこの休むことを知らぬ女性は動き回った。ケルントナー門《トーア》劇場で観劇、ランナーとシュトラウスのところで楽しみ、プラーターでジプシー音楽に耳を傾け、高級カフェに立ち寄ってスミレの香りのバニラアイス。過剰なまでに贈り物を慕い、また個人的に贅沢をしたいという宿命的な性向を抑えることができず、彼女はしばしばウィーン市街地のエレガントな店で「ショッピング」をおこなう。日記には、一部は目玉の飛び出るほど高価な個々の購入品が記されている。「ベールで、袖の長い深緑色の絹のドレス、ヴィクトリーネでは深紅の薔薇と露のしずくがついた帽子、ケルントナー通りではブロンドのカラー。」繰り返し無心の手紙がヴァイマルに送られる。金の心配から彼女が解放されることはなかった。ロメオ・ゼーリヒマンがオティーリエの死後、彼女が遺言で遺贈してくれた銀器を自分のものにしようとすると、それは抵当に入っており、利息の支払いが滞っているため、ずっと以前に没収されていることが明らかになった……

●空想の旅をはぐくむオアシス

むろんオティーリエ・フォン・ゲーテのような落ち着きのない人間が、新しい住まいにいつもじっとしているはずがなかった。ウィーンでの年月に、繰り返し旅が割って入った。そしてこれらの旅のいくつかから、彼女は健康を害して戻ってきたのである。軽い顔面神経痛をゼーリヒマン博士はローレルザクラと氷で、重いものはキニーネ剤とモルヒネで処置した。しばしば起こる頭痛の発作に対しては、彼は蛭《ひる》をこめかみにあてがい、甲状腺機能亢進にはヨード軟膏で、苦しい疝痛にはあたたかいパップで立ち向かった。

娘のアルマは問題を抱えた兄弟ヴァルターならびにヴォルフガングとは異なり、「陽気でのびの

❺オーストリア噴水（シュヴァンターラーの設計により1846年完成。一番上に立つオーストリアを表す彫像のモデルとなったのがアルマ・フォン・ゲーテだといわれている。）

びとして、しとやかな性質の持ち主」ではあったが、繰り返し元気を回復する母親ほどの強靱さはなく、十七歳でウィーンに蔓延していたチフスの犠牲になってしまう。彼女は、あとから生まれた異父姉妹アンナ・ジビラもすでに眠っているヴェーリング地区《オルト》墓地に埋葬され、伝えられている伝説どおりだとするなら、街の中心部で際立ったかたちで永遠化されている——今日にいたるまで。ルートヴィヒ・シュヴァンターラーの設計にしたがって一八四六年フライウングにつくられたオーストリア噴水《ブルンネン》のメインキャラクターとして。世を去る少し前に彼女がそのモデルになったというのである。

オティーリエ・フォン・ゲーテにとってウィーンは、故郷というよりもオアシスであった。むしろ彼女はイタリアで暮らしたかっただろう。そしてヴェネツィアやナポリ、イスキア、それに、彼女がローマ教皇の謁見に与り、息子のヴォルフガングがプロイセンの教皇使節団の秘書として、外交関係での確たる地位をえたローマへの旅行に、気晴らしを求めたのであった。そのための資金が底をつくと、空想でそれをおぎなった。「リドを訪れるかわりに」、息子ヴァルターは母親の女友達に書き送っている、「ぼくたちはプラーターに行きます。ヴェネツィアのリアルト橋のかわりはコールマルクト、サン・ピエトロ大聖堂のかわりは聖シュテファン教会、イタリアの辻馬車ヴェトリーニのかわりはウィーンの辻馬車《フィアーカー》、そしてどんな橋も溜息の橋〔ヴェネツィアのドゥカーレ宮の地下牢へ通じる橋〕にするため、ぼくたちは溜息をたくさん貯えているのです。こんなふうにして、ここにさらにアイスクリームとイタリア・オペラを加えることで、とくに空想力豊かなぼくのママは自分に魔法をかけてイタリアへ行くのです。」

●泉に囲まれての枯死

一八四八年の三月革命の際には、オティーリエ・フォン・ゲーテは自由主義者の側に、一八六六年の普墺戦争勃発の際には、プロイセンの側に立った。というわけで、オーストリアでの生活状況はますます困難なものになってきた。「身も心も疲れて」、そうこうするうちに六〇歳になっていた彼女は、二四年間にわたって避難所を提供してくれたウィーンを去り、途中シュレースヴィヒ、ドレスデン、イェーナに滞在しながら、ヴァイマルに戻る。フラウエンプラーンの家では、その昔彼女があらゆる息子の妻としてはもっとも幸福な者として、またあらゆる妻としてはもっとも不幸な者としてすごした、かつての屋根裏部屋《マンサード》へふたたび入る。七六歳の誕生日の五日前に世を去るまで、まだ二年が残されていた。心不全と、すでにウィーン時代からさんざん苦しめられてきた狭心症の発作が原因だった。そして、ゲーテ家の墓所の母親の隣に埋葬される。

❻ヴァイマルにあるゲーテ一族の墓（ガラスのはまった柩の中の仰臥像はアルマ・フォン・ゲーテ）

彼女の最後の数年はさまざまな厳しい事態によって曇らされた。ゲーテの作品に対する著作権保護期間がすぎてからというものは、家にはかろうじて金があるという状態だった。そこに、息子たちの不確かな運命についての悲嘆が加わった。母と祖父という二重の陰に覆われて、彼らには生命力が欠けていたのだ。彼女が身を奮い起こしておこなった最後の仕事も、はたせるかな息子たちのためのものではなくて、愛する舅のためのものであった。ゲーテは冷たく利己的な心の持ち主であり、神を信じず、傲慢で、押し寄せてくる若い才能に対して、敵対的に振る舞ったという、広まりつつある非難に対してゲーテを守らねばならなかったのである。

「私は彼と十五年間一緒に暮らしてきました。彼が冷たいとか思いやりがないなどと思ったことはたったの一度もありません。彼はたえず他人の立場に身を置き、そんなふうにして穏やかで理解があり、過ちを目にすればそれをかわいそうに思ったのでした。彼は民衆の側に立つ人でした——一緒に遠乗りをしたとき、私はしばしばそれを体験しました。素晴らしいものに出会ったとき彼が感じたのは純粋な喜びだけでした。それどころか賛嘆のあまり涙さえ目に浮かべたものです。キリストについてもこんなふうに話しているのを見たことがあります。あなたはそれを信心、崇拝、賛美と呼びたいのですか。」

最後の日々、彼女は自分自身についてはあまり慰めの言葉を見出せなかった。オティーリエ・フォン・ゲーテが自分でつくった墓碑銘はつぎのとおりである。「泉に囲まれて、彼女は枯死した。どの泉も、新鮮な水を与えてくれなかったから。」

ウィーンの奇跡

フリードリヒ・ヘッベル

ヘッベル（Christian Friedrich Hebbel 1813-63）は北ドイツ・ヴェッセルブーレン生まれの「汎悲劇主義《パントラギスムス》」の劇作家・詩人。各地を転々としたのち、ウィーンで宮廷劇場の女優と知り合い結婚、やがて劇作も評価されて成功を収める。代表作に『ユーディット』『マリア・マグダレーナ』『ニーベルンゲン』など、聖書や伝説から題材を得たものが多い。

●放浪の果て、夢破れて

こんなふうに見える芸術家は一人もいない。不機嫌で鈍重、疲れた目には炎のかけらもない。大きすぎるすり切れたフロックコートが、不格好に痩せた体に掛かっている。わずかばかりの、手入れのされていない、ほとんど白くなったブロンドの髪。それに加えて、ものすごい北ドイツ訛りの三二歳のこの男をひどい風邪が苦しめる。咳はいっこうに治まろうとはしない。

職を探している店員？　それとも晴れ着を着た職人だろうか。

彼はウィーンに来てもうひと月になる。そしてウィーンでも、彼にははっきりわかっているのだが、チャンスはない。出立の準備はすべて整った。すこしの持ち物は紐でくくり、金欠ゆえに暖房設備のない、ヨーゼフシュタットの又貸しの部屋は解約。

一八四五年一二月のその朝、彼はさらにプラハへ向かう郵便馬車の切符を買うために、郵便局へ向かうところだった。プラハで彼はベルリン行きの馬車に乗り換えるつもりだ——それが最後の試みになるはずだった。生き延びるための、ついにひとつの存在を築きあげるための。「しかしそこからどこへ向かうべきかは、ぼくにはわからない」、ハンブルクにいるかつての女友達に宛て、彼はこう記す。「ここ同様、そこにもおそらく留まることはできないだろう。そこもまたぼくには高くつきすぎるだろうから。」

自殺の考えがこのフリードリヒ・ヘッベル博士の頭をよぎったのは、これがはじめてのことではない。この歳ともなればほかの者たちは立派な地位につき、所帯を持って妻や子に喜びを見出し、仕事の成果を享受している。ホルシュタイン州の村ヴェッセルブーレン出身の煉瓦積み職人の息子ヘッベルは十四歳で父親を、二五歳で母親を亡くし、教区役場の使い走り兼書記として糊口をしのぎ、疱瘡病みの御者と何年もベッドを共有、使用人のテーブルでとぼしい食事をとらねばならなかったのだった。幼年期から青年期にかけてのこの屈辱を彼は払いのけはした。それどころかベルリンで彼の戯曲『ユーディット』が上演され出版されてからというもの、作家としての最初の成功をひけらかすことさえできた。だが彼が求めてやまない確かな収入のある確固とした職、キール大学美学教授の地位は、彼には閉ざされたままだ。彼がその臣民の一人に連なっていたデンマーク王クリスティアーン八世が彼に与えることのできた唯一のものは、二年間の留学資金だった。それを使って彼はフランスとイタリアへ行く。目下六〇〇ターラーを使いつくしたところだ。

船で彼はアンコナからトリエステへ渡り、一八四五年一一月四日早朝、陸路ウィーンに達する。「氷のように冷たい風が吹きつけ、雨がしたたっていた。体ががたがた震えた。心もおののきはじめた。」

ウィーンは彼にとって通過駅以上のものではなかった。「あらゆる予想に反してここで信じられないことが万一にも起こらなければ」、「文学的な戦い」自体が敗れたと彼は見る。「ならず者のせいで敗れるのであり、神々のせいではない。しかしそれにもかかわらず敗れるのだ。」それにもかかわらず彼はこの地がことのほか気に入っていたことだろう。

「ウィーンは美しくて立派な街で、夏にはイタリアと張り合えるだろう。ウィーンでは疑いなくとても快適に暮らすことができる。ただすべてが例外なく信じられないぐらい高い。」

●絶望から希望への奇跡的転換

ヘッベルの借金はかさんでゆき、一ヶ月後には彼は出立の準備をする。そのとき通りで――詩人は先に進むための切符を取りにちょうど郵便局へ向かうところだった――のちに彼がウィーンの奇跡と呼ぶことが起こる。「この奇跡がわたしの全人生を決定づけた。」トリエステへ向かう船上で知り合った一人の「ポーランド人紳士」が、歩道のまんなかで彼に話しかけ、つぎのような知らせをもたらしたのである。高い教養をそなえ、かなりの富を有するガリツィアの貴族二人が――同じように旅の途中で――ケルントナー通りの高級ホテル「カール大公」に宿泊されている。彼らはヘッベルの熱烈な崇拝者で、処女作を読んでからというもの、何よりもその著者と個人的に知り合いになりたいと切望されている、と。

こう話しかけられたヘッベルはそこで自分の企てをとりやめ、郵便馬車の旅客名簿に名前を記入するかわりに、宿にいる二人の外国人を表敬訪問したのであった。ユーリウスとヴィルヘルム・ツェルボーニ・ディ・シュポゼッティはいとこ同士であった。二人とももう年配で、国の東の端の大地主だった。彼らは文学に情熱を注いでいた。ヘッベルの『ユーディット』と『ゲノヴェーヴァ』――後者はまだ上演されていなかったが、しかしすでに出版されていた――は一字一句にいたるまで知っており、かなりの部分を暗唱していた。

彼らがこの突然の客を、のちに彼が評するように「ほとんど心苦しい」までに盛大にもてなしたとしても誰が驚くだろう。「こんな熱狂は、ぼくには想像もつかなかった。」かつての伴侶エリーゼ・レンジングに彼は、「めちゃくちゃな夜」についてこう書き送る。「高価な食事、キジ、山ウズラ、シャンパン、トーストが目の前にずらっと並べられた。」そこにさらに人々が加わり、すぐさま『ユーディット』と『ゲノヴェーヴァ』の「たえまなく情熱的な朗読と解釈」がはじまった。

ヘッベルには何が起こっているのかわからなかった。「ぼくには事態を止めようがなかった。真剣さによっても冗談によっても。だからぼくはまるで自分の彫像であるかのようにふるまわねばならなかったんだ。つまり黙ってじっとしてたんだ。しかしぼくは善意からではあるけれど、ぼくの気持ちにとってはあまりにやりすぎのこの状況に、トルテを食べワインを飲むことで興を添えることにしたんだ。夜もとどまっていなければいけなかった。ぼくの貴重な生命を風邪の危険にさらすわけにはいかないから。というわけで金色の房飾りのついたダマスク織りの布団をかぶって寝たんだ。まるでおとぎ話のようだった。なかば馬鹿げていてなかば深遠、でも全体としては快適だった。」

クリスマスが近づいていた。熱狂的なパトロンたちはふたたび詩人をホテルに招待し、またしても一晩中彼を引き留めておく。つぎの朝目覚めると、いつもの服が見当たらない。接待者の召使いが、ひそかに新しいものと取り替えておいたのだ。ネクタイから長靴にいたるまで、ヘッベルはすっかり新しいものを身につけた。「豪華な白い外套と銀の握りがついた散歩用ステッキ」が用意されていた。そしてもちろん、引っ越しに必要なものもすべて手配されていた。そのときからヘッベルは高級ホテル「カール大公」でシュポゼッティと隣り合って暮らすことになったのである——「赤いビロード張りの椅子と銀の燭台、それに金の枠にはめられた鏡

❼ヘッベル（カール・ラール画, 1855 年）

のある絨毯張りの部屋」で。

●幸運が呼び込んだ伴侶との出会い

ウィーン滞在の二ヶ月目にヘッベルが体験したもうひとつの出会いは、これほどセンセーショナルなものではなかったが、それだけいっそう重要な結果をもたらすものだった。文学サークル「コンコルディア」で話す機会のあった若い同僚、作家のオットー・プレヒトラーが彼に、オーストリア=ハンガリー帝国ホーフブルク劇場のトップ女優の一人クリスティーネ・エングハウス嬢が、ヘッベルの『ユーディット』をウィーンでも舞台にのせようと、もう何年も前から骨を折っていると伝えたのである。差し支えなければ、彼をその女優に紹介しようという。ちなみにその作家の言うところでは、彼女も彼同様ドイツの出身で、七歳のときにすでに子どもバレエ団の一員としてブラウンシュヴァイクで舞台に立ち、ブレーメンとハンブルクを経てウィーンにやって来たのだが、そこで二三歳のときにブルク劇場と生涯契約を結んだという話だった。

一目会った瞬間から、詩人と女優、双方たがいに好感をいだかせたのは、たんに演劇に対する共通の関心以上のものであった。その当時二人とも決まったパートナーがいなかったのである。クリスティーネ・エングハウスには庶出の息子がいた。フリードリヒ・ヘッベルにも、ハンブルク時代の若き日の恋人エリーゼ・レンジングとのさめてしまった関係から、そういう子が二人いた。

今後もしばしば訪れてもいいかという彼の問いかけに対して、エングハウス嬢は「無言ではあるが、しかし饒舌な仕草」でもって応えた。その仕草について彼女はのちに、「口づけに似ていなくもなかった」と言うようになる。四度目に会った際にもう婚約。「これまで一度も愛したことのないようなしかたで、ぼくは彼女を愛している。そして同じように彼女から愛されている。一日がいまや、かつての丸一年以上の幸福をもたらしてくれるのだ。」

友人のルートヴィヒ・グルリトに彼はこう書き送る。

「ぼくにはもはや何かについて不平を言ういわれはない。天が彼女のうちに、あらゆることがらに対する埋め合わせを、あらかじめ与えておいてくれたのだ。どれほど彼女が善良か、きみは信じまい。ただ彼女のためだけにでも、きみは一度ウィーンに来なくちゃいけない。」

それでもヘッベルは相も変わらずみじめな人間で、共通の生活費は彼女が持たねばならなかった。

「彼女は生涯五〇〇〇グルデンで宮廷劇場に雇われていた。だから彼女のポストのおかげでぼくたちは結婚できるんだ。」

一八四六年五月二六日、ヘッベルのウィーン滞在七ヶ月目に、結婚式は執り行われる。ウィーンの奇跡第二弾だ。

＊ホーフブルク劇場はドイツ語圏随一の格式を誇るウィーンの宮廷劇場。「ブルク劇場」と略称されることもあったが、一九一八年以降、それが正式名称となった。

●劇作家としての評価の高まり

そして第三弾。作家としてのフリードリヒ・ヘッベルの仕事もいまや高く評価されるようになっていた。もっとも彼の作品がブルク劇場で初めて上演されるまでには、かなりの時を要したのだが。一八四八年五月に『マリア・マグダレーナ』、そして一八四九年二月に『ユーディット』が上演される。いずれにしろ無愛想な北ドイツの気性を持ちながらウィーンを選んだこの男に、帝都のサロンが門戸を開いたのだ。

「完全に孤立した生活から、もっとも波瀾に富む生活へ、ぼくは引きずり込まれた。祝宴が催され、ほとんどの雑誌も、ぼくについてのそこそこ大きな、ときにはとても良い記事を載せる。そして初めて会った当地の作家たち、グリルパルツァーやカステリやハルムは、それはもうそうした人々のところで大したことなのだが、ぼくを対等の者として扱ってくれただけでなく、一段高い者として扱ってくれたんだ。もちろんつぎのようなことも起こった。劇場の最高責任者ディートリヒシュタイン伯爵は、ぼくが挨拶したときにぼくの名前を知らなかったんだ。しかしとんでもないしっぺ返しを食うことになった。彼はそれで街中の噂になってしまったんだ。若者たちも熱心にぼくのところに押し寄せてくる。ローマでは、ぼくの顔がもしかすると描く値打ちがあるかもしれないなどということは、誰の頭にも浮かばなかった。しかしここでは、ぼくを石版に描きたいといってきた者が今日でもう三人目なんだ。」

政治的にも詩人は選ばれた故郷で拱手傍観していることはなかった。一八四八年の革命の際には、彼は自由の闘士の陣営にいた。のちに彼が、自分がますます深く根をおろしているしると見なすようになる出撃であった。

「どれほど真剣に私が自分を一人のウィーン子と見なしていたか、一八四八年、自分の行動によって十分証明した。自分を外国人、たんなる傍観者だと思っていたなら、私は命を賭することは絶対なかったろう。」

繰り返し間違ってグリルパルツァーの手になるものとされ、今日なお多くの国家の祭典で引用される有名な言葉、「このオーストリアは、大きな世界がリハーサルをおこなう小さな世界だ」は、実際にはヘッベルの言葉であり、一八六二年二月二六日のオーストリア憲法公布記念日のための、彼によって作成されたプロローグの中にある。

〝愛しのオーストリア〟との離別

とりわけ彼が旅のためにウィーンを離れた際には、そのあいだに自分がこの新しい故郷にどれほど愛着を感じるようになったか、意識するのだった。一八五一年、ヘッベルはベルリンから書き送る。「批判することなしには一杯のワインすら飲むことのできない、風の強い寒いベルリンで、私は初めて〝愛しのオーストリア〟と口に出して言った……ウィーンでは思いつきもしないのだ。」

その四年後、小さな家の購入とともに、グムンデンで自分自身の夏の別荘も手に入れたとき、詩人はその土地の風習すら気に入り、友人のエーミール・クーに宛てこうしたためている。

❽ヘッベル夫妻の墓（ウィーン，マッツラインスドルフ墓地）

「朝からぼくはシュタイアーマルク風の服装でうろつきまわるつもりだ。緑の折り返しのついた灰色の上着と、とんがった帽子は今日も着ている。この衣装はつまり、ぼくが去年思っていたような（そのときはぼくはそれを断固拒否したのだけれど）猟師じゃなくて、地主を表わしているんだ。」

いまやオーストリアで地主でもあること、それは彼の大きな誇りだった。

さらにその六年後、彼が移動の考えをいだき、ウィーンからヴァイマルへの移住を計画したのは、皮肉なことにウィーンを選んだもう一人の男と関係している。ハインリヒ・ラウベ、（彼同様ドイツ出身の）ブルク劇場の監督である。ラウベはヘッベルの作品をウィーンから遠ざけるだけでなく、端役をあてがうことで、その妻さえをも降格させようとしたのである。というわけで当時のヘッベルが我を忘れて、「ウィーンなど見なければよかったのに」といった辛辣な発言を、ついしてしまったとするなら、それはもっぱら彼のことをよく思わないこの同国人のせいなのである。彼によって、「われわれは力ずくで追い出されてしまう」と。もっともラウベは結局はほどほどにしなければならなかった。王室のとりなしでヘッベルの『ニーベルンゲン』がついにブルク劇場で上演され、クリスティーネ・エングハウスの契約取り消しを防ぐために、彼女のギャラが引き上げられた。

それにもかかわらずこの疎外の余波は残る。死の十一年後――フリードリヒ・ヘッベルは一八六三年一二月一三日、五〇歳の誕生日からわずか九ヶ月後に世を去る――ウィーン市役所ができたばかりの中央墓地に名誉墓地を用意するが、そこはこれ見よがしに空のままだったのである。夫より四六年長生きした未亡人のクリスティーネが、マッツラインスドルフ墓地から中央墓地への改葬の申請に同意しなかったのだ。彼の遺品はどうなったのだろう。かつてはウィーン歴史博物館が所有していたヘッベルの書き物机は、第二次大戦以降行方不明ということになっている。そして彼の使っていた「ウィーンの部屋」は、今日では彼の生地ヴェッセルブーレンのかつての教区役場にあるヘッベル博物館の一部をなしている。

「空気が独特の……」

ルートヴィヒ・シュパイデル

シュパイデル（Ludwig Speidel 1830-1906）はドイツのウルムに生まれ、十九世紀後半のウィーンで健筆をふるった著述家・批評家。筆の及ぶ範囲は演劇、音楽、美術から、ユーモア小説、旅行記、風俗画、軽い雑文まで多岐にわたり、当代の文化潮流をリードするフェユトニスト（新聞の文芸欄執筆者）として名声を博した。

●ウィーンの空気がはぐくんだ名フェユトニスト

「昔は森がどんどん広がって、庭園の多いウィーンのなかへ入り込んできたとすれば、いまやウィーンは郊外へ向かって大きく延びていた。ウィーンが大ウィーンに拡張されてからというもの、それは森をおのれのうちにいだき、ガンゼルル山〔現十七区ヘルナルス〕と高く積み上げられた内郊外区《フォーアシュタット》の聖ウルリヒ〔現第七区ノイバウ〕とならんで、聖シュテファン大聖堂の塔をもしのぐ高さの山々や山並みを有し、独自の田舎の住民と独自の風景を持つのである。ウィーンの内部で鋤が使われ、穀物の種がまかれ、ブドウの木が植えられ、牛が放牧されて魚が釣られ、ウサギやノロジカ、それどころか大物野獣の狩りさえおこなわれる。人類のさまざまな本源的営みがここでは互いに混在しており、それが大きな企業にまで高まって、天をつく煙突をその象徴としている。そこは全世界である。ウィーンの森から谷へ流れる多くの泉や小川、それにドナウ川の水脈となる急流を持つここは、大きくて美しいウィーンの世界だ。田舎にいると同時に街中にもいるということ、これはえもいわれぬ独特の感情を与えてくれる。都会の空気と田舎の空気の領域がぶつかり合う。そしてそれらが相互に触れ合うことで、最高の意味でセンチメンタルと言ってもいいような入り混じった感情を呼び起こしてくれるのだ。」

一九〇五年六月、死の八ヶ月前にこれを書いたのは、ウィーンを選ばれた故郷としたルートヴィヒ・シュパイデルである。その二年前に、彼は常連仲間とともに、彼にとって大きな意味を持つ祝典を祝った。ウィーン在住五〇周年を。彼が「文芸欄の王《フェユトーン》」として君臨していた『新自由新聞《ノイエ・フライエ・プレッセ》』の読者たちは、彼を自分たちの一人と見なすことで、謝意を示した。いつもそうだったわけではない。一八七八年になってもまだ、シュパイデルがマカルト展覧会での大事件、「カール四世のアントワープへの進駐」について彼の新聞で報告し、その機会を捉えて、ウィーン女性の美しさの特性とその由来について長広舌をふるったとき、悪意のこもった論争的な匿名の投書によって、哀れむべき素人の烙印を押されるのを、彼は甘受しなければならなかったのである。「ウィーンについてこんなことが書けるのは外国人だけだ」と。

シュパイデルは悠然と応じる。「二五年間ウィーンの空気を吸っていたなら、純然たる外国人と

❾シュパイデル（作者不詳，1900年）

いうわけではおそらくなかろう。」そしてこう続ける。「古くからの言葉に曰く、〝空気が独特のものをつくる〟。結局のところ〝純然たるオーストリア人〟もハプスブルクの外国人なのだ。なぜなら彼らはスイスからやってきたのだし、ロートリンゲンからの血の流れが彼らを新たに活気づけたのだから。」

文学史のほうがよく知っている。一九八二年に出た『オーストリア人大辞典』にはもちろんシュヴァーベン生まれのルートヴィヒ・シュパイデルも載っているし、回想録シリーズ『オーストリア叢書』ではそれどころか、フェルディナント・フォン・ザール、マリー・フォン・エーブナー＝エッシェンバッハ、グスタフ・マイリンク、レーオポルト・フォン・ザハー＝マゾッホ、それにカール・クラウスといった作家たちにならんで、自分自身の巻をえているのだ。後者の例は、シュパイデルがオーストリア文学に属しているということを論争の余地なきものにしているだけでなく、いつどこででもその水準が認められ評価されるわけではないある分野、新聞の散文、「小さな形式」、つまり文芸欄《フェユトーン》を公正に扱っているだけに、それだけいっそう重要である。

フーゴ・フォン・ホーフマンスタールは「物まね的伝記という古い芸術分野」に捧げた、一九二五年刊行のエッセイ『生者の影』のなかで、ルートヴィヒ・シュパイデルをフランス人ディドロと同列に扱っている。ホーフマンスタールは言う。シュパイデルは「眉の動きから、肩の線から、脚の動きやすい関節から」、「ひとりの人間の本質全体を、存在全体を」推し量るのに成功している、と。この言葉でホーフマンスタールは有名な小文『ファニー・エルスラーの脚』のことをほのめかしているのだ。その作者は、プラーターに展示された偉大なウィーンのバレリーナのバレーシューズという些細なきっかけから、そのバレリーナの出自、経歴、それに天分を、感情を込め、かつ言葉を自在にあやつって、読者に開陳して見せたのだった。

評論家のヴィリィ・ハースはさらに一歩進んで、シュパイデルのこの文章を「ドイツ語散文の偉大な傑作」に数え入れている。ヘルマン・バールはシュパイデルを、「わが国にまだ存在していたもっとも偉大な言葉の使い手」と称賛している。オットー・シュテッスルは追悼の辞のなかで、彼を独自の芸術ジャンル、すなわちジャーナリズムと文学という宿敵の争いから生まれた文芸欄《フェユトーン》の創始者と見なしている。辛辣なカール・クラウスさえ、手当たりしだい相手を攻撃するなかにあって、ルートヴィヒ・シュパイデルを明瞭に除外したのだった。

では大きな称賛を浴びる本人自身は、文学における自分の立場をどう見ていたのだろうか。彼の七〇歳の誕生日に、『新自由新聞』の編集部は彼のために祝宴を用意した。しゃべる人ではなく書く人である彼は、それにもかかわらず立ち上がって、感謝の言葉を述べざるをえなかった。だがシュパイデルは手短に、たった一言こう言っただけである。「文芸欄は一日を永遠のものにする。」

●ペンの力でウィーンに溶け込む

ルートヴィヒ・シュパイデルというこの御仁は、どうやってウィーンにやって来たのだろう。

彼の父はウルムの音楽教師兼合唱指揮者で、彼もウルムで産声をあげる。一八三〇年四月一一日のことである。この地で彼は、のちにシュトゥットガルトで作曲家ならびに音楽監督になる兄のヴィルヘルム同様、ギムナジウムに通う。音楽面ではベートーヴェン、モーツァルト、ハイドンが、文学面ではシラー、メーリケ、ウーラントが一家の守護神だった。両親はかつかつの生活を送っており、息子二人を大学へ行かせるわけにはいかなかった。二二歳でミュンヒェンに移ったルートヴィヒは、独学で勉学を重ねていかざるをえなかった。大学ではおりにふれて出席する聴講生の彼であった。『アウクスブルガー・アルゲマイネ・ツァイトゥング』で音楽批評の部門に空きがあった。リヒァルト・ヴァーグナーの「未来の音楽」をめぐる激論を通じて、若いシュパイデルは初めての戦闘に巻き込まれる。その一年後、編集部は文化特派員として彼をウィーンに送る。これとともに彼のその後の人生が定められることになる。彼はオーストリア＝ハンガリー帝国の帝都にして居城都市にとどまり、かたわら『ロイド』、『ドナウ』、『祖国』、『鐘』、それに『外国報知《フレムデンブラット》』といった紙面の仕事をし、そして最終的には『新自由新聞』が創刊された一八六四年以降、その「初代文芸欄執筆者」となる。

文学、造形美術、演劇、それに音楽について彼は書いた。ときには社説さえまかされた。『旅行記』にかかわったのは初期のあいだだけのことである。休みなく街から街へと急ぎ歩くレポーターの移動する仕事というのは、彼のように定住志向の非常に強い人間には長く続くものではなかった。「ぼくはとても瞑想的な人間だから、どんな瞬間でも外の世界によって驚かされたくないんだ」と、彼はイタリア旅行から家にこう書き送っている。

二八歳でシュパイデルはウィーン女性レオンティーネ・ツィーゲルマイアーと結婚する。花嫁の父はオーストリア＝ハンガリー帝国工業大学の教授だった。四五年続くことになるこの幸福な結婚生活――レオンティーネは夫の三年前に世を去る――からは二人の娘が生まれた。

●ウィーン気質との幸運な共振

シュヴァーベン人のルートヴィヒ・シュパイデルがこんなにも易々とウィーンに溶け込んだのは、彼がウィーンに合わせようとしたからではまったくない。彼の本質の一部に、この街が持つ特別な精神性に対する親近性があったのだ。生きる喜びと芸術に対する感覚が彼のうちで特別幸運な結びつきをつくったのである。彼はウィーンをそんなふうに見ていた。しかし同時にこの街をとりまく風景もまた、自分が敬う芸術家の目を通して見るのをとくに好んだ。『ハイリゲンシュタットのベートーヴェン』、『ヘルトリッヒスミューレのフランツ・シューベルト』、こんなタイトルの記事を書いた。そのうえ彼の死後出版された著作集のなかに、「ウィーン女性」についての一巻があるということは、彼が繊細な社会心理学者であったことを証明している。

ツェレステ・ベーゼンドルファーに対する追悼の辞を、シュパイデルはこんな文章ではじめている。「ウィーン子が持つ最良のものは、彼らの女性たちだ。」そのさい彼の念頭にあったのは表面的な魅力ではなくて、「性格の強さを、その存在を貫いている優美さに結びつける、ウィーン女性の持つあのタイプの女性らしさ」であった。そして、大言壮語を嫌ってシュパイデルはすぐさま、彼が描く肖像を規定すべき範囲も設定する。「われわれは彼女についてのちょっとした像を描こうと思う。それは女性たちがいつも首にさげているものよりも大きなものではなく、彼女の慎ましさとわれわれの力に合致したものである。」

●グリルパルツァーとフレーリヒとの愛をめぐる思いやり深い洞察

ルートヴィヒ・シュパイデルは手を抜くことはなかった。一例をあげよう。傑作に数え入れられる『フランツ・グリルパルツァーとカーティ・フレーリヒ』の一行一行からは、彼がこの痛々しくも不幸な関係を解明するにあたって、双方の理解をえようと格闘するさまが浮かび上がってくる。「彼女が貫こうとしたのは、女性としての彼女の神聖な権利だったのである。それに対して彼のほうは責任を回避するような抵抗をおこなった。彼女は犠牲者だった。彼女は、彼女が愛し敬う男、そして自分を愛してもいいという権利を彼女に与えた男が、騎士道にもとるようなしかたで、彼女をかたわらに置いておくという辛酸を、何十年にもわたってなめねばならなかったのだ。処女として、そしてほとんど寡婦として、彼女は愛する男のかたわらで暮らさねばならなかった。良心に一点の曇りもなかったが、道徳的には非難されて。

グリルパルツァー自身は、このかわいそうなカーティに対しては本性のまま振る舞うよりほかに、詫びるすべを知らなかった。彼はそんなふうだったのだし、ほかになりようがなかったのである。もちろんこんな立場に立てば、どんな判断もできなくなる。そしてグリルパルツァーは、鋭い判断をくだして他人を変わることのない自然物として受け入れるには、ほど遠い人物だったのである。彼の詩的エゴイズムには、男らしく決断する力が欠けていた。もしかすると彼は幸福になれたかもしれないし、結婚生活においてもそうだったかもしれない。ただ、困ったことになるかもしれないという考えが、選択を麻痺させたのだ。幸福になるには勇気が必要である。グリルパルツァーは幸福でいる勇気がなかったのだ。」

もっともすべては大いに前途有望なかたちではじまっていた。「フランツ・グリルパルツァーとカーティ・フレーリヒはお互いを情熱的に捉え合った。詩人は何度も試みては失敗したのち、ついに幸福を見出したように思われた。上の五階では至福の時が流れていたにちがいない。あるいは詩人が毎日避暑地のヒーツィングからドルンバハへ駆けつけて、フレーリヒ一家を訪れる際には。若さ、美、詩——これは天国への三つの階段ではなかろうか。

残念ながらわれわれには、かくもすばらしくはじまったこの愛が、持続的な幸福へとつながるのを目にすることは叶わない。二人の関係は、別れることのないまま急速におかしくなった。愛の最初の陶酔、それは倫理的な制約を踏み越えるものではなかったが、それが去ってしまうと、緊張した、いらだった状態が生じた。きっぱり別れるという試みは失敗に終わる。彼らは互いに愛することもできず、互いに別れることもできなかったのだ。そんなふうに彼らは暮らし、そんなふうに彼らは生きた――グリルパルツァーの死まで互いに連れそってではなく、並び合って。この奇妙な関係がはじまって五〇年たっても、この二人の老人が並んで歩く姿が見られた。そして誰もが、彼らの互いに対する態度のうちに謎を感じたのだ。」

●共感のこもった演劇批評で本領発揮

このやっかいな芸術家の伝記について、これ以上美しい、これ以上尊敬の念にみちた、しかしまたこれ以上思いやりのこもったものは、これまで一度も書かれたことがなかった。それを読者に思い出してもらうのは、今日でも値打ちのあることだ。そしてお許しいただきたいのだが、ここでようやくわれわれはシュパイデル本来の領域を話題にすることになる。すなわち、演劇である。ほとんど四〇年にわたってこの男は、宮廷劇場での出来事を観察し、論評してきたのであり、すくなくとも五人のブルク劇場監督（ラウベ、ディンゲルシュテット、ヴィルブラント、ブルクハルト、それにシュレンター）より「長生き」した。一八八七年、彼自身に監督の申し出があったとき、彼は賢明にも「向こう側」へ鞍替えすることを拒否、ひきつづき批評家の職に踏みとどまったのであった。彼は指導者ではなく、ただ援助者でいたかったのだ。

彼が描く俳優の人物描写《ポートレート》にシュパイデルはつねに観衆も引き入れた。けっして上から判断をくだすようなことはなかった。――たとえば名優ヨーゼフ・カインツのウィーンでのデビューについては、こんなふうに解釈する。「ウィーン子がひと目で彼に欠けていると気づいたものとは、感覚的に深い印象を与えるような外見だった。実際はじめての役である『ガレオット』のエルネストでは、彼は絶望的なほど貧相に見えた。彼が身につけていた平服はずいぶんと空疎に見えた。心が身体にあまりにも近すぎるのである。それは直接肋骨を打っている。しかし芸術の偉大な魔力、それは心から肉体への迂回路に、心が感覚的なもののなかで徐々に花開いていくさまにあるのだ。

この欠点を正すのに、カインツは単純な、しかし大胆な手段を持っていた。率直さである。私はありのままにふるまう、彼の態度はそう言っているようだ、どうやってもこれ以上良くはできない。『沈鐘』のハインリヒ親方役で、瀕死の傷を負って床に寝かされたとき、彼はやせた首と肉のない肩をむき出しにした。この信頼がふたたび信頼を呼び起こす。そして人々はこう言うのである。こんなふうにあけすけに見せられたものが、醜悪であるはずがない、と。

そしてもちろん、どんなふうに彼は演じるかだ！　そこでは彼の才気あふれるテクニックが奇跡をおこなうのだ。そもそもこの芸術的外見の全体を可能にしているのは、精神とファンタジーなのである。自然はこの芸術家を、外的な資質という点に関しては、ほとんど継子扱いしてきた。体つきは中ぐらいで華奢、肩幅は狭い。顔つきにはこれといったところがなく、表現力に富むのは目と口だけ。声はバリトン＝テノールで、話すといくぶん乾いた感じがする。音域が高くなってはじめて響きと力が出るのだ。

このような控え目な資質で偉大なことを達成するというのは、天才のなせるわざである。だが同時にまた、徹底的かつ絶え間ない鍛錬を前提とする、天才のなせるわざである。カインツはおのれの肉体を完全に意志にしたがわせた。肉体は無理にではなく、ごく自然に彼の意のままになるのだ。状況に応じてまことに多種多様な身振りがおのずから現われてくる。目は心の真の明かりとなり、口はたんに話すだけでなく、その開けようによって、彼は口を表現するための重要な道具と化した。手は生きている。指の一本一本が生きている。

そこにたぐいまれな話の才が加わる。カインツは比類のない話し手であり、おしゃべりから高い声まで、あらゆる音階をマイスターとしてわがものとした。骨の折れるドイツ語も、ときには目の回るようなテンポで易々とこなしてしまうのである。彼は熱弁家ではない話し手、必要とあらば韻を踏んだ言葉の美しさも強調することを心得、かたちのくずれた詩句にあってもなお断片を韻文のように響かせる、そういう話し手なのだ。」

「ルターがわれわれを引き裂いた」

●●ハインリヒ・ラウベ

ラウベ（Heinrich Laube 1806-84）は当時のドイツ北東部ニーダーシュレージエンのシュプロタウ（現ポーランドのシュプロタヴァ）に生まれた著述家・劇作家・劇場監督。ヨーロッパ各地を渡り歩いて評論や劇作活動を行ったあと、一八四九年以降ウィーンで、ブルク劇場をはじめとするいくつかの劇場の監督を務め、帝都の演劇界を活性化させた。

●民衆目線の気どらない宮廷劇場監督

ハインリヒ・ラウベは多くの者たちの一人にすぎない。だが、この多くの者たちのうちで彼はまちがいなくナンバーワンである。ドイツからやってきたブルク劇場の監督の話である。監督をつとめた全員が、自らの手にゆだねられたこの劇場のために、期待どおりの成果をあげたというわけではなかった。ラウベは卓越した上演によってそれを光り輝かせ、彼の時代が去ったあともなお長いあいだ、劇場はその輝きにすがって生きることになる。

皇帝フランツ・ヨーゼフが帝位についてちょうど二年後、その官房のあるところからほんの少し離れたミヒャエル広場の古いホーフブルク劇場に、シュレージエン出の四四歳の作家が入る。一八五〇年九月のことだ。自由主義的な振る舞いによってプロイセンで禁固刑に処せられた、リベラルな「青年ドイツ派」のリーダーの一人であった彼は、まだちょうど劇場監督として堂々と振る舞っていた。「強盗団と俳優にはリーダーが必要だ」というわけである。アードルフ・フォン・ゾンネンタール、ヨーゼフ・レヴィンスキー、ルートヴィヒ・ガビロン、それにシャルロッテ・ヴォルター、彼らは、ラウベ時代を刻印づけた偉大な人物のほんの数人にすぎない。彼が彼らを呼び寄せ、ふさわしい配置につけ、成長させたのである。

❿ラウベ（ヨーゼフ・クリーフーバーによる石版画，1848年）

「演劇にとってオーストリアはおとぎの国だ。劇場というものがまだ発明されていなければ、オーストリア人がそれを発明することだろう。」

演出家としてもラウベは新機軸を打ち出した。彼は古典派の作家たちにまとわりついていたいくたの埃を振り払い、ドイツの劇場でシェイクスピアをやり抜き、フランス喜劇にまでレパートリーを広げ、同時に熱を込めて同時代の戯曲も引き受けたのである。グリルパルツァーが、彼の公然たるお気に入りであった。グリルパルツァーの作品をすべて——のちには遺稿のなかに見つかったものも——ラウベは上演した。最初のグリルパルツァー全集も、最初のグリルパルツァー伝も、彼ラウベの手になるものである。

彼の専門分野におけるかつてのいかめしい代表者たちと、とりわけラウベをわけ隔てているもの、そして、選ばれた故郷のメンタリティーとの同化をも容易にしたもの、それは彼のすぐに感激する性質と偏見のなさであった。ホーフブルク劇場に招聘される十五年前、はじめて帝都を訪れた際にもう彼は直観的にふさわしい態度をとった。レオポルトシュタットで新しい民衆劇、たとえば有名なヴェンツェル・ショルツが当たり役の仕立屋ツヴィルンを演じるネストロイの『悪霊ルンパチバガブンドゥス』に喝采を送る民衆に紛れ込んだとき、彼もともに喝采を送ったのであった。もっとも彼はその劇の多くの部分をまったく理解していなかったのだが。

「私はともに笑った。民衆たちが心から笑っていたからだ。そしてだいぶたってからやっと、私が何に笑っていたのか尋ねてみた――方言の言い回しに笑っていたのだ。当時私にはまだ聞き慣れぬものであったが、喜んで学んだのである。」

知的高慢さはラウベにとって虫酸が走るものであった。「民衆が使う個々の方言の持つ力強い表現に対して、私はいつも心から尊敬の念を抱いてきた。」

のち、彼がもう久しく要職に就き、それどころかウィーン劇場生活における無冠の王になっていたときでさえ、それは何も変わりはしなかった。

「私は相変わらずしばしば郊外の劇場に出かけていた。お高くとまった熱弁からしばらくのあいだ、自分をふたたび癒すために。」

●北ドイツから明るい光のウィーンへ

ハインリヒ・ラウベがウィーンに初めて足を踏み入れたとき、彼はまだ三〇歳になっていなかった。当時プロイセン=シュレージエンに属していたシュプロタウに生まれ、ハレでプロテスタント神学を学び、ブレスラウ大学では歴史、哲学、教育学に専攻を変え、イェーナで学位を取得した。大農場主のところで個人教授の教師として糊口をしのぎ、ブロックハウス出版社のために辞書の項目を執筆、『ライプツィヒ日報』に劇評を寄せた。そして、同じくライプツィヒに腰を据えると、『エレガントな世界のための新聞』の編集者となる。

彼の親友の一人に五歳年下の同僚カール・グッコウがいる。舌鋒鋭い批評家にして、のちに非常に生産的な喜劇ならびに小説作家となる、このベルリン出身の男とともに、ラウベは一八三三年夏に南へと教養旅行に出る。トリエステを経由してウィーンを目指した。「私は、自分の消費能力のことを考えずに、上部イタリアをむさぼり食った。そしてトリエステに上陸したとき、もう白墨のようなトウモロコシ粥を食べたり、インクのようなワインを飲んだりしなくてもいいのだということが、私にはもっとも重要なことのように思えた。」

天候のために二人の旅人の目算が狂った。

「私たちはカルヌントゥム*からヴィンドボーナへとつづく、ローマ人の跡をたどりたかったのだ。だがだめだった。すべてを雨が覆いつくしていた。ゼメリングから下ってきたとき、つまりニーダーエスターライヒに入ったときはじめて、世界はふたたび明るくなったのだ。」

しかし幸いそれがつづいた。「明るい光のもとで私はウィーンを初めて見た。そして大いに気に入った。」

●ウィーンの光と影を直視

グツコウはバーデンに投宿し、ラウベはウィーンを見て回り、昼も夜も街を歩き回った。シェーンブルンへ散策し、ウィーンの森をぶらつき、マリアヒルフのシュペルルザールではヨーハン・シュトラウスの父が弾くヴァイオリンに合わせて、人々がワルツを踊るのを見物した。

「すべてが心地よかった。どの都市《まち》も独特の雰囲気を持っている——ところがこの都市にいると、私はカールスバートにいるような気がした。つまり故郷にいるような。シュレージエン気質はオーストリア気質にかなり似通っているように私には思われた。軽やかな気性、活発な空想力、それにすぐ興奮するところが。私はまるで、じいさんが話してくれた古い親戚のところに来たような気がした。彼らは私たちのところから姿を消し、宗旨を変えてしまったのだと、じいさんが言うのだ。じいさんの若いころ、シュレージエンは実際まだオーストリアの支配下にあった。彼はしばしばそのことを私に話してくれたし、精霊降臨祭射撃大会の際の黒い縁取りのある黄色い絹の旗を見せて

＊カルヌントゥムもヴィンドボーナもローマ帝国の軍駐屯地。ドナウ川の要衝に位置し、ヴィンドボーナは現在のウィーンの地、カルヌントゥムはそのやや東、ブラチスラヴァとの中間地点あたりにあった。

くれた。ある皇帝がそれをわれわれの射撃クラブに贈ってくれたというのだ。〝しかしルターが〟、じいさんは叫んだ、〝ルターがわれわれを引き裂いたのだ！〟」

稜堡《バスタイ》を越えてゆくのがラウベの「一番お気に入りの散歩」だ。「なまめかしくも稜堡はウィーンの美しい地勢をつくり出していた。ウィーンの森一帯と急流にとても近く、バーデンの山々や壮麗な万年雪の山、それらの山々がアルプスの門番さながらに地平線に見える。」

だが、ラウベの愛は盲目とはほど遠いものである。街の狭さにも彼は気づくのだ。「当時のウィーンは本当に静かで小さかった。街の中心部がすべてだった。〝外〟と呼ばれていた三方に広がる郊外地区《フォーアシュタット》は、遠く離れていた。幅広い、かなり荒れはてた斜堤《グラシー》がそのあいだに大きく口を開けており、そこにある低木の並木道も腺病にかかった子どもたちのように見えた。その土壌は長くもつ十分な養分を木々に与えることができない。だから木々は一定の樹齢になると、蠟燭の燃えさしのように枯れてしまうのだ。土壌の改良によってあと押ししてやる、そんな考えは当時知られてはいなかった。」

さらに何かが、この公然たる自由思想家の心を乱した。「快活な辻馬車《フィアーカー》や貴族たちの敏捷でエレガントな貸荷車が花盛りだった。そもそも目に入るものがすべて、貴族に由来するものだった。それはそれで美しい。しかし、それだけであっていいわけがない。だが実際そうだったのだ。枝分かれのための道は、どこにも開かれてはいなかった。」

ラウベは「白馬亭」の部屋の窓からターボア通りを見下ろしたときに胸に浮かんだこのような異

端的な考えを、用心して紙に記すことはなかった。ずっとのちになってはじめて、彼はそれを『回想』のなかで堂々と口にすることになる。

「当時私はそんなことをするのはきわめて危険なことだと見なしていた。というのもウィーンの警察から逃れられないと思われたからだ。いつなんどき連中が踏み込んできて、書類を残らず持っていってもおかしくない、といわれていたものだ。ここの警察は作家自身よりも文学的なのだ。やつらは新しく書かれたものすべてについて、正確なメモをとる。この世の誰も読まないもの、それをウィーンの警察は読むのだ。完全な文学史を書こうと思うなら、連中に頼み込まねばならない。連中が何かを悪くとるなら、あらゆる事態にさらされることになる。あらゆる事態にだ！　ブリュン近郊のシュピールベルクにある住まいは、即刻借りられることになるが、そんなことは誰も気にしない。そうなると権利も、ましてや裁判も問題にならない。」

ラウベはここで、ハプスブルク家の多くの反抗的な敵が拘禁に苦しんだあの悪評高いブリュン〔現チェコ共和国のブルノ〕の監獄として使われていた装甲室のことを、あてこすって言っているのだ。

●検閲によって鍛えられた微妙な演劇表現

むろんラウベがとくに関心を抱いていた演劇もまた、検閲によって抑圧されていた。とりわけ上演が許可される芝居が厳しく選別された。「この種の支配には慣れ」、そんなものから利益をえることはなかったにせよ、それに順応してきた俳優たちに対しては、検閲の締めつけはそれほどではなかった。

「ほとんど毎晩私はブルク劇場に出かけていった。簡潔で自然な演技のしかたがことのほか気に入ったし、それにレパートリーの大半は私には初めてのものだった。厳しい検閲のおかげだった。検閲のために新しいものはほんのまれにしか認められなかったので、倹約と入念さを強いられたわけだが、それが結局は演劇技術の役に立ちさえしたのである。ウィーンでいうところの古い〝駄作〟が念入りに準備され熱意を込めて演じられたし、観客のほうも細心の注意をはらって、それに耳を傾けたのである。微妙な表現をものにする真の名人芸が生まれ、些細なことが大いに評判になった。もちろんこれはとりわけ喜劇に、それも他愛のない喜劇のためになった。精神は贅沢品だった。精神はまったく信用の置けない危険なパトロンだ。それは簡単に何かを言うが、その意味するところは別のことなのだ。心情のほうが無難である。というわけで心情に向けて、度はずれた仕事がなされた。私はそれまで劇場で人々が、どんな些細なきっかけにも、これほど心を動かされ涙を流すのを見たことも聞いたこともなかった……」

一八三〇年にベルリンで初演され、いまやブルク劇場の観客の涙も誘っているエルンスト・ラウパッハのメロドラマ『粉屋とその子ども』は、この時代が生み出した典型的な作品のひとつである。ふだんは非常に批判的なラウベもまたこの効果中毒の作家の罠にかかってしまったのには、個人的な理由がある。言葉では表わしようのないこの墓場の物語の筋立ては——ちなみにそれはのちに、万霊節〔十一月二日〕の作品としてブルク劇場の上演プログラムの定番となる！——ラウベ自身の生まれ故郷が舞台となっているのだ——子ども時代に彼はグレーディッツベルクへ両親と何度もハイキングに出かけていたので、よく知っているのだ。

●市民革命の時代の自由主義演劇人

ところでハインリヒ・ラウベが初めて帝都を訪れたとき、彼はまだウィーンに受け入れられるほど成熟していなかった。あるいはウィーンはラウベを受け入れるほど成熟していなかった。熱心な新聞読みとしても彼は、十分酬いられてはいないように感じていた。

「唯一の政治的な新聞である『オーストリア観察者《エースターライヒッシェ・ベオバハター》』はもっぱらトルコのことばかり扱っているし、『ウィーン新聞《ヴィーナー・ツァイトゥング》』には政治はまったく出てこない。『ボイアーレの演劇新聞《テアーター・ツァイトゥング》』に載っているのは劇場ゴシップの些事の類だ。まもなく私はこの新聞を読むのをやめてしまい、しだいに自分が馬鹿にもなってゆくような気がした。それに愕然とした私は荷物をまとめて旅立った。」

さらに一八四八年の市民革命（ちなみにその結果ラウベは、二年間ドイツ国民議会の代議士として、フランクフルトのパウル教会に議席を得たのであった）のおかげでようやく、そのあいだに舞台作家としても成功を収めていた彼は、主席式部官グリュンネ伯爵の招聘に応じるかたちで、オーストリアに住み着くことになった——もちろん今回は長期にわたって。十七年間彼はブルク劇場の運命を操り、そのあいだに同劇場をドイツ初の演劇専用劇場として立ち上げ、そしてこの十七年がすぎたあとも、——ライプツィヒでのちょっとした幕間劇のあと——彼はおのれが大勝利をおさめた場所へ戻る。今回は団長としてのみならず、設立者として。一八七二年、ザイラーシュテッテ（今日のローナッハー）にオープンした市民劇場は、ラウベと彼の同郷人マックス・フリートレンダーの手になるものである。死の四年前の一八八〇年まで、彼はそこの長をつとめた。

ラウベはプロテスタントだったので、福音派のマッツラインスドルフ墓地に埋葬される。そこもまた、ちょっとした故郷である。ハインリヒ・アンシュッツ、ルートヴィヒ・ガビロン、カール・フォン・ラ・ロッシュ、ユーリー・レティヒ、それにアデーレ・ザンドロックといったドイツ出身のブルク劇場俳優の墓石がならぶ、トリエスター通りの起点にあるこの小さな墓場は、今日にいたるまで根っからのブルク劇場墓地なのである。

一八六番の墓を見つけようと思う人は、あらかじめハインリヒ・ラウベの横顔をしっかり刻みつけておいたほうがいい。墓石に載せられた胸像のほうが墓碑よりも保存状態がいいのである。おまけに風化のはげしい名字のほうはすぐに読み飛ばしてしまう。そんなことはすべきではない。彼の傍らに眠る妻のイドゥーナ・ラウベも文化史にその名を残しているからである。彼より二歳若い、一八〇八年にイドゥーナ・ブーデウスとしてザクセンのアルテンブルクに生まれた彼女の名を、われわれはオーストリア女性運動の草創期に見出すことができる。のんびりとした文学サークルとして始まった彼女のサロンで、一八六六年にウィーン「女性職業協会」の会則が起草される。会員の目標は、おのれの職業能力を実証しようと押しかけてくる少女や婦人たちに、より多くの教育機会を勝ちとることであった。

「伯爵夫人、舞台へどうぞ」

●●シャルロッテ・ヴォルター

ヴォルター（Charlotte Wolter 1834-97）はドイツのケルン生まれの女優。ブダペスト、ベルリン、ハンブルクなどの劇場を経て、ウィーン演劇界の頂点ブルク劇場の看板女優になった。歴史悲劇のヒロイン役で絶大な人気を博し、劇中で彼女が発した「ヴォルターの叫び」は観客に大いにアピールし、後世にまで語り継がれる伝説的な芸となった。

●劇場を揺るがす「ヴォルターの叫び」

後世は役者を大いに褒めそやすものである――ことにウィーンでは。補説で演劇史にふれていない都市年代記などここでは考えられない。

だが一人の女優が彼女独特の、自分の名前と結びついた概念とともに辞書に載るというようなことは、ウィーンですらめずらしいことだ。

シャルロッテ・ヴォルターと「ヴォルターの叫び」のことである。

ほかにも一般的な語彙となって、永遠に名をとどめている芸術家はいる。しかしそれは人為的な言葉であり、当該人物の特性についてはまったく何も語っていないのである。「ピーチ・メルバ」はデザートであり、サンフランシスコからサンクト・ペテルブルグのあいだのそこそこのレストランのメニューには、かならず載っている。ただそれが、オーストリアのコロラトゥーラ・ソプラノ歌手ネリー・メルバとはたしてどんな関係があるのか、そんなことは誰も知らない。もしかすると彼女自身はピーチよりもアプリコットのほうが好きだったかもしれないのだ。

しかし「ヴォルターの叫び」——これはヴォルターそのものなのである。

私自身はもうそれを耳にしたことはない。私の両親もだ。だが祖父母、それに曾祖父母の世代にはそれがまだあったのだ。最高頂に達するたびに有名な「ヴォルターの叫び」を発する、このブルク劇場の並はずれた看板女優の声の気ままな振舞いについて、観客たちはその感動を語って聞かせることができた。観衆がそれをすでに待ちこがれていたにもかかわらず、それでもそれは毎回劇場全体を揺るがす自然現象のようなものであった。エクスタシーとしての芸だった。

甲高い声でまくし立てることが田舎芝居として一笑に付され、舞台で情熱的に感情を爆発させることがタブーとされる、今日のような管理演劇の時代にあっては、シャルロッテ・ヴォルターはまちがいなく物笑いの種になるだろう。だが十九世紀末の当時は、彼女は多くの者にとってナンバーワンであった。どんなイフィゲーニエも、どんなメディアも、あるいはどんなマクベス夫人も、偉大な悲劇女優へと成長したこのケルン生まれの、意志と力がみなぎる貧乏人の子ほどには、観衆の心を大きく揺さぶることはできなかったのだ。

●貧しい生まれの「芸術の修練女」ウィーンを目ざす

一八三四年三月一日、シャルロッテがケルンで生まれたとき、父親はしがない書記であり、母親は劇場の衣装係だった。一家の境遇は惨めなものであった。シャルロッテには十一人の兄弟がいたのである。父親が早くに亡くなると、母親は再婚――今度は洋服修繕屋がこの大家族の面倒を見なければならなかった。

故郷ではものすごく間延びしたラインラント訛りが話されていただけではない――これはのちにシャルロッテ・ヴォルターの舞台キャリアを遅らせる、ハンディキャップのひとつとなる。正書法という点に関しても、子どものころあまり多くを教えてもらえなかった――結婚してオサリヴァン伯爵夫人となった彼女が書く手紙がなお、彼女の教養の低さを証しているのである。

劇場の空気を彼女はすでに大人に達する前からかいでいた。母親が彼女を仕事場に連れてゆき、細々としたことを手伝わせたのである。十五歳で初めて彼女自身、舞台に立つ。ジャコモ・マイアーベーアのオペラ『預言者』でのスケート・ダンサー役である。

その一年後にシャルロッテは両親の家を出て、独力で劇場の職にありつこうとする――最初は故郷ケルンのシュトルヴェルク・ボードビル劇場の合唱団員として、つぎにとなりのデュッセルドルフ市立劇場で。ウィーン、それにオーストリア＝ハンガリー帝国ホーフブルク劇場については、噂で知っていただけである。そこで舞台に立つことは、未来永劫夢物語にちがいないということを。グリルパルツァーとネストロイの、デフリーントとガルマイアーの街ウィーンで話し方のレッスンを受けることができれば、それだけでもう天にも昇るような気持ちになったのではなかろうか。

かつてブルク劇場の女優だったゴットダンク夫人は、ラインラントからやってきたこの「芸術の修練女」の面倒を見てやり、その際びた一文要求しなかった。ぎこちない動きとどうしようもない発音の抜けない奔放な気性の背後に、夫人はすでに将来の天才をかぎつけていたのだろうか。

シャルロッテ・ビルヒ・プファイファーの『ローウッドの孤児』（ジェーン・エア）ならびにザーロモン・リッター・フォン・モーゼンタールの『デボラ』のタイトル役で、二三歳のシャルロッテ・ヴォルターは一八五七年一〇月二五日、最初の大きな一歩を踏み出す。オフナー祝祭劇場でのことである。批評は称賛を惜しまなかった。そこで彼女はハンガリーで当地の旅回りの一座に加わり、地方を巡回することになる。シュトゥールヴァイセンブルクで監督の金が底をつく。生き延びるために俳優たちは、わずかばかりの財産を抵当に入れなければならない。衣装も質屋入りとなった。だが観衆はすでに前売り券を買っていたので是が非でも芝居はやらなければならない。俳優たちは拒否、一件は即決裁判所送りとなった。重武装したハンガリー歩兵たちが力ずくで劇団員を舞台に引っ立てた。シャルロッテ・ヴォルターが即興の舞台衣装で演じるイフィゲーニエだ！

彼女にとってそれはあまりにも辛いことだった。翌朝彼女は出奔する。ドイツのあちこちで幸運を試し、いろいろ回ったあげく財布に一文もなく、トランクにはほんの間に合わせの衣装しかないという状態でウィーンに入る。

●端役女優からブルク劇場の看板女優に

当時のウィーンでもっとも人気のある舞台のひとつ、レオポルトシュタットのカール劇場では、そのころフランツ・トロイマンとネストロイ夫妻が指導的立場に立っていた。若い志願者の美しさよりも才能に魅了された監督のネストロイは、シャルロッテ・ヴォルターを月給五〇グルデンで雇う。たいていは愚にもつかない笑劇のとるに足りない端役しかもらえなかったとしても、それでも彼女はやってのけたのだ。ウィーンで舞台に立っているのだ！　もうあとは見出してもらうだけ……

とくに美しく響く彼女の声を最初に耳にしたのは座つき作家のカイェーターン・チェリで、彼はブルク劇場の監督ハインリヒ・ラウベに、彼女の荒削りの才能はより高い課題、すなわち古代の女性を表現するためのものだということを確信させるのに成功する。ちなみにラウベは急ぐ気はさらさらなかった。まずはこのせっかちな小娘に田舎で実を示す機会を与えよう――そのさきは成りゆきを見ていればいい。彼は彼女にブリュン市立劇場との契約を用意してやり、彼女の成長を離れたところから見守った。ラウベの計算通りとなった。彼女のマリア・ステュアートもアドリエンヌ・ルクヴルールもブリュンの観衆のあいだに拍手喝采の嵐を巻き起こしたのである。そして彼女がベルリンでシェイクスピアの『冬物語』のハーマイオニを客演した際には、ジャーナリズムも人々の歓声の輪に加わったのである。

「悲劇部門を代表する比較的若い女優たちのなかで、持って生まれた才能と演ずるべき性格の正しい解釈に関して、われわれがヴォルター嬢より上位に置きたいと思う女優は皆無である。さらに成長する恵まれた機会が与えられるなら、彼女はすぐれた芸術家になるだろう。」

こんなことは、「無能の化身」だといって「この人物」と一緒に舞台に立つことを拒んだヴィクトリア劇場の二枚目看板俳優は、夢にも思わなかったろう。最終的に観衆の不評を買ったのは彼であり、拍手喝采を博したのは彼女だったなどということを。

いまや成功につぐ成功である。ブルク劇場監督ラウベは、自分が見出した女優がおのれの手から逃れることのないよう気をつけなければならない。ハンブルクのタリア劇場監督チェリー・モーリスが二六歳の彼女と契約を結び、期限以前に彼女を去らせる気など毛頭なかったからである。

しかしシャルロッテ・ヴォルターが望んでいたことはただひとつ。ブルク劇場へ！　ウィーンへ！　監督のラウベはどれぐらい彼女に気を持たせておくのだろうか。そのあいだに彼女がハンブルクからウィーンへ出した手紙は、彼女が求めてやまない雇い主への甘い愛情とやんわりとした警告のあいだで揺れている。つまり、「あなたが私に授けてくださるあらゆる恵みのために、あなたの善良な心臓に口づけします」、あるいは「あなたの指導のもとで、最盛期を迎えているドイツ第一の劇場の一員になるというのは、おそらくすべての女優が望むことでしょう」、というような文章に、「生涯にわたってあなたに雇われたい」といったあからさまな要求がつづき、タリア劇場がいくつかのハンブルクの劇場で客演させるという契約上の保証に反して、シャルロッテ・ヴォルターをブルク劇場のために自由の身にしたときにはじめて、緊張が解ける。「ああ、ここを去ることができてどれほど幸福か、言葉では言いあらわせませんせん！」

引っ越しは段階的におこなわれた。まず家具がウィーンにやってきた。彼女自身は、ブルク劇場との契約がだらだらと延びたことで極度に緊張した神経を休めるため、バート・ライヒェンハルでの休養が必要だった。一八六一年六月七日、シャルロッテ・ヴォルターはオーストリア＝ハンガリー帝国ホーフブルク劇場の舞台に初めて立つ。スクリーブの『アドリエンヌ・ルクヴルール』のタイトル役だ。もうその年のうちに『ローウッドの孤児』、シラーのマリア・ステュアート、ラウベの『エセックス伯爵』のラトレンド伯爵夫人、ゲーテのイフィゲーニエ、シラーのオルレアンの処女、ハーマイオニ、ユーリア、デュマのベル・イル嬢がつづく。監督のラウベが彼女と結んだ六年契約から、畢生の大作というべき大女優が生まれる。三五年間、六人の異なるブルク劇場監督のもとで、第一の主演女優をつづけ、宮廷女優に指名されるのである。一八七六年、皇帝フランツ・ヨーゼフが彼女に冠とともに黄金功労十字勲章を授与したとき、同時にマリア・ステュアートの衣装を身にまとった彼女の肖像画を、「ブルク」の名誉ギャラリーに加えるよう指示が出された。ハインリヒ・ラウベ、エードゥアルト・フォン・バウエルンフェルト、それにアードルフ・フォン・ヴィルブラントは、彼女のために専用の作品を書いた作家たちのうちのほんの数名にすぎない。シャルロッテ・ヴォルターが一八八一年、作家とジャーナリストの協会「コンコルディア」の慈善の催しで、ラシーヌ・フェードラを演じたとき、翌日の新聞にはつぎのような記事が出た。

「ひと幕ひと幕、拍手喝采は大きくなっていった。第一幕のあと花と花輪が贈られ、第三幕のラストシーンのあとには黄金の雨のなかに電気で照らされて、シャルロッテ・ヴォルターの名が浮かびあがった。そして第四幕のあとでは、彼女を讃えるソネットが何千部も桟敷席からひらひらと舞い降りてきたのだ。しかし頂点に達したのは、毒殺シーンのあとの熱狂だった。ヴォルターはきわめて感銘ぶかい死に方をした。彼女がもらす死のあえぎには臓腑を貫くものがあった……」

当時のウィーン演劇批評で最重要人物の一人であったルートヴィヒ・シュパイデルは一八八七年五月、シャルロッテ・ヴォルターについてこう記している。「悲劇が彼女の故郷であり、生死を賭した戦いが彼女本来の住処なのだ。」もっとも彼は、観衆の大部分が示したおおざっぱな熱狂には、くみすることはできなかった。「彼女は話すことができなかった、そのかわり怒鳴ることができたのだ。彼女は暗にほのめかすことはできなかった、そのかわり脅すことができた。ふつうに歩けなかった、そのかわり悠然と歩くことができた。ほかの人間には容易なことがすべて、彼女には困難だった。そしてほかの人間が絶望してしまうようなことが、彼女にはいともたやすくできたのだ。」

●スター女優の気まぐれに翻弄される人々

こんな性質のためにスター気どりの気まぐれが昂じたことは明らかだ。しかし、それが気前よく大目に見られるだけではなくて、生き生きと楽しまれるのでなければ、ウィーンはウィーンではないだろう。彼女が罵詈雑言を浴びせ怒りを爆発させることが伝説となり、初演が成功するたびに繰り返される最後通牒的なギャラ値上げの要求が、劇場の歴史となった。ましてやオサリバン伯爵と

⓫メッサリナに扮したヴォルター（ハンス・マカルト画，1875年頃）

の結婚後、「伯爵夫人」以外の呼びかけで彼女を舞台へ呼び出すような舞台監督がいようものなら、ただではすまなかった。彼女は舞台衣装のひだの流れがぴたっと決まるまで、何時間も鏡の前に立っていた。背の低さをとても丈の長い服、とても高いヒール、それに対角線上の位置どりでカバーした。文芸欄執筆者《フェユトニスト》フェルディナント・キュルンベルガーがクレームをつけているところでは、彼女は舞台上で好きなように振る舞ったのだ。「ヴォルターは自分が思いついたとおりに演じる。気が乗らないとまったく演じることなく、役を投げ出すか、せいぜいワンシーンを演じるだけだ。」

ヴォルターという女性は、住んだというより居を構えた。ヒーツィングのトラウトマンスドルフ小路にある彼女の豪華な屋敷は、マカルト様式にしつらえられていた。この画壇の巨匠はマクベス夫人の衣装と仮面をデザインしただけではなく、彼女のメッサリナも絵に描きとめたのである。そしてアッター湖畔のヴァイセンバッハにある夏の別荘に彼女を表敬訪問する者たちは、帰りぎわに花ではなく彼女のサイン入りの月桂冠で見送られたのである。毎日馬で遠出をする際には、彼女は通行人たちから敬意を示された。さらに常軌を逸するほど飾り立てたきらびやかな夜会服で、彼女はウィーン女性界のお手本にまで登り詰めたのである。

時代の偉大な画家たちがヴォルターの肖像画を描こうと殺到した。だがそれはなかなか厄介なことであった。彼女はじっと座っていることのできないモデルの一人だったのである。宮廷女優殿の絵をブルク劇場のロイヤルボックス用に描くよう依頼を受けたグスタフ・ガウルは、絶望の淵にまで追いやられた。話のなかで彼がフランクフルトソーセージをほめたところ、シャルロッテ・ヴォルターはそれを二、三本私に持ってきてくれたら、おとなしく座りましょうと約束した。ガウルは一ダース持ってこさせた。すると彼女は十二本丸ごと平らげた。その結果いまにも死ぬかと思うほど気分が悪くなり、座っているのをいよいよもって中断しなければならなくなった。我慢の限界に達した巨匠ガウルは、モデル不在のままヴォルターの胸像と写真のコレクションの助けを借りて、絵を完成させるしかなかった。

夫の死後——一八七四年から一八八八年までシャルロッテ・ヴォルターは、裕福でありかつまた芸術を解するオサリヴァン・ド・グラス伯爵と結婚していた——この女優はヒーツィングの屋敷から、ロプコヴィッツ広場にある街中の住まいに戻った。その九年後、七三歳の誕生日の三ヶ月後に、彼女も世を去る。望みどおり、イフィゲーニエの白い衣装に身をつつんで埋葬される——それは彼女がウィーンでデビューを果たした役柄というだけではなく、古いブルク劇場が閉じられる二〇年後にも、最後に演じたものだった。

埋葬さえもスキャンダルなしではすまなかった。すなわち、シャルロッテ・ヴォルターの遺体が下におろされるときベルトが切れ、がたごとと大きな音を立てながら、重い木の棺が墓穴に落ちていったのである……病床へのお見舞いの花を、彼女はこう言って断った。「それを片づけてちょうだい、もうすぐうんざりするほどもらうことになるから。」そのとおりだった。ヒーツィング墓地の彼女の墓（それは一九一四年に中央墓地の名誉墓地に移される）は、埋葬後何ヶ月も花の海に埋まっていたのだ。ヴォルター・ファンのなせるところである。

静かなプラーターの小道で

●●アデーレ・ザンドロック

ザンドロック（Adele Caroline Sandrock 1863-1937）はオランダ・ロッテルダム生まれの女優。ベルリンやウィーンの舞台で活躍したほか映画にも出演。一時シュニッツラーとも関係を持ち、絶頂期にはブルク劇場の看板女優として劇作家たちがひれ伏すほどの人気を博した。他方、わがままで移り気な性格と無軌道な言動ゆえのスキャンダルにも事欠かなかった。

●お騒がせの種をまき散らす高慢な人気女優

二〇世紀への世紀転換期のすこし前のことである。アデーレ・ザンドロックはホーフブルク劇場の劇団員だった。大衆からは熱烈に賛美され、「専門家」には恐れられながら、この三〇代半ばの女性は自分の気分しだいでウィーンの街を翻弄した。彼女がまったくけちをつける必要のない本当に数少ないもののひとつが、彼女がこのとき住んでいたウィーンの住まいだ——四度目の、そして最後の住まいだ。レンヴェーク近くのエルツェルト小路にある、帝位継承者フランツ・フェルディナント所有のこの家からは、バイエルンの摂政の宮ルイートポルトがウィーンに住む妹を訪れるたびに散策するモデナ宮の庭だけではなく、聖シュテファン大聖堂さえもが眺望できたのである。

その夜ザンドロック嬢は上演のあと家に帰るのに、辻馬車ではなく徒歩を選んだ。ミヒァエル教会の前で彼女は人だかりに出くわす。皆はげしく興奮している。人生に疲れた女性が塔から飛び降りたのだ。だが自殺の試みは失敗に終わった。ゆったりとしたドレスが壁の張り出しに引っかかったのである。消防隊が一番大きなはしごをかけて、不幸な女性をその状態から救い出した。大いにとり乱してはいたものの、彼女は無事に教会前の小さな広場に降り立った。野次馬にとり囲まれて。アデーレ・ザンドロックは人々をかき分けて進み、その女性に近づいて言葉をかけた。彼女はこのかわいそうな女性に慰めの言葉をかけたのだろうか。同情を感じたのだろうか。はたまた援助を申し出たのだろうか。

そのいずれでもなかった。拒むように、それどころか彼女は蔑むようにまわりの皆が聞こえるほどの舞台で鍛えた声で、自殺志願者を非難したのである。「あんた、本当にど素人ね！　劇場へいらっしゃい。そうすれば人が実際どんなふうに死ぬか見せてあげるわ！」

まわりに立っている者たちの反応は分かれた。いく人かは同意して大笑いしたが、大半は憤慨したのだった。高慢で無愛想なアデーレ・ザンドロックが、親切で愛想のいい街ウィーンで不快な印象を与えたのは、これが最初でもなければ最後でもなかった。彼女にとってこの街がほんの限られたあいだしか選ばれた故郷でなかったのは、何ら不思議なことではなかろう。

●下積みを経て人気女優への階段を上がる

彼女はロッテルダムに生まれた。母のヨハンナ・シモネッタ・テン・ハーゲンは故郷オランダでは有名な女優であり、かつてプロイセンの将校であった父エードゥアルト・オテロ・ザンドロックは泡沫会社乱立時代の鉄道建設で一山あてようとしたが、投機に失敗し破産する。母親と二人の娘――二歳年上の姉ヴィルヘルミーネも女優を志していた――はいまやさらに強く身を寄せ合うようになる。すでに小さな子どものころから舞台に立っていたアデーレは、まもなく当時有名な一座であったマイニンガーとともに街から街への旅に出る。十九歳で彼女はちょうどできたばかりのベルリンのドイツ劇場で、レッシング作『ミンナ・フォン・バルンヘルム』の題名役を演ずる。アデーレがシェイクスピアの『冬物語』試演でのちに有名な同僚となるヨーゼフ・カインツと出会い、「この人とは私は演じない」と言って彼が彼女をパートナーとして拒否したとき、マイニンガーとの関係も終わりを迎える。失望と怒りで憔悴した彼女は出奔を決意。それもできるだけ遠くへ！

そんなとき、ウィーンの市立劇場で監督の座についたばかりのハインリヒ・ラウベのところに立ち寄ってはどうかという申し出が、うまいぐあいに転がり込んできた。「何ができるか見てみたいんだ」、こう言って、この全能の男は野心あふれる初心者に控え目な希望を持たせる。だが彼が彼女のためにとっておいた二、三のとるに足りない端役では、彼女を満足させることはできない。市立《シュタット》劇場《テアーター》は洗練された富裕な劇場で、専属の馬車と豪華な化粧室を持つ成功した女優たちに、二二歳の彼女はおびえを覚えた。

何とかホーフブルク劇場にアプローチしようと、姉といっしょにオーディションも受けてみたのだが、これはさらにフラストレーションをつのらせる結果に終わった。ヴィルヘルミーネは監督のアードルフ・ヴィルブラントに雇われるが、アデーレ自身は何の役ももらえなかった。残る手はひとつだけ、田舎への逃亡だ。

一八八六年一月三〇日、アデーレ・ザンドロック嬢はウィーン新市街劇場《ノイシュテッター・テアーター》と契約。ここで彼女はついにどんな大役も演じることができるようになる。ここで彼女ははじめて、人気者の喜びを味わう。月一〇〇グルデンの固定給と一晩一グルデンの出演料という低い田舎のギャラによって強いられる、つましい生活をも喜んで甘受する。賄いつきのほんのちっぽけな又貸しの二部屋で、朝食のコーヒーと小さなバターパンが家賃に含まれていた。メインの食事は自分で用意した。となりの食料品店から買ってきたプチプチソーセージとビールである。「新人」の才能の噂はウィーン新市街を越えて広がってゆく。アデーレが舞台に立つ出し物はすべて売り切れ、ウィーンの批評も彼女に注目。監督のスタニスラウス・レッサーがザンドロック嬢をブダペストのドイツ劇場に引き抜く。

●出演依頼が殺到するウィーンきっての女優に

彼女についにウィーンへの進出ならびに——それと関連があるのだが——熱望していたウィーンとの結びつきをもたらしてくれたのは、これまですでに幾人かのスターにとってそのキャリアを基礎づけてきた事情である。すなわち、キャスティングがだめになり、一晩のうちに代役を連れてこなくてはならなくなったのである。アン・デア・ウィーン劇場でアレクサンドル・デュマの『クレマンソー事件』のリハーサルがおこなわれていた。主役のイザ・ドブロノフスカに予定されていた女優を解雇せざるをえなくなったのだ。アデーレ・ザンドロックが電報でブダペストからウィーンへ呼びつけられ、代役をおおせつかる。母親が荷造りを手伝い、姉がゲトライデマルクト近くの住居を貸してやる。

ウィーンへ向かう列車のなかでアデーレは作品を読み、与えられた新たな役割に感動する。初演の前からもうジャーナリストたちが彼女の楽屋に押し寄せ、インタビューを申し込む。リハーサルの空き時間に彼女はプラーターへ出向き、ひとりで散歩しながら繰り返し役柄を吟味した。初演前の数日、彼女は食事を減らして体調を万全に保った。インゲン豆が添えられた小さな羊のカツレツ、そのあと一杯のブラックコーヒーと一本のたばこ。ついに一八八九年一〇月五日がやってくる。一幕終わるたびに大歓声。大成功だ！　何百人もの熱狂した観衆が劇場の入り口で、いま誕生したばかりのスターに歓声を浴びせる。その瞬間からウィーン子にとって、もはやアデーレ・ザンドロックは存在しない。いるのは「この」ザンドロックだけだ。

いまやあらゆる舞台が一度に彼女を求めて殺到した。五年契約をかわしたドイツ・フォルクス劇場だけではなく、ホーフブルク劇場もやってきたが、もちろん彼女はまさにフォルクス劇場との契約ゆえに、まるまる五年待たさねばならなかった。フォルクス劇場で彼女はすぐさま上演プログラムを自分で決めるようになり、ギャラもたっぷり手に入れた。ヘルマン・ズーダーマン、ルートヴィヒ・ガングホーファー、それにオスカー・ブルーメンタールといった作家たちが、ザンドロック嬢の出演を上演権授与の条件とした。そのために彼女がルートヴィヒ・フルダの喜劇『仲間たち』を選んださよなら公演は、四度繰り返さねばならなかった。ファンが劇場に送ってきた贈り物を家に運ぶのに、三台の大きな車でも足りなかった。バーベンベルガー通りの新しい住まいは何週間もさながら花園のようであった。たくさんの贈り物に疲れはてた彼女は、その後何日も寝込み、ついにはゼメリングへ休養に出かけねばならなくなった。

●大女優の気まぐれに翻弄された人々、賢く対処した人々

すでにつねづね移り気であったところに、いまやアデーレ・ザンドロックの気まぐれは全開した。彼女の気まぐれと無軌道ぶりに見舞われたのは、舞台の同僚たち――そのあいだに彼女はホーフブルク劇場と契約していた――だけではなかった。家のなかでも、何か気に入らないことがあると、ものすごいことになった。彼女が役柄を研究しているところへ、だしぬけに「お嬢様、ジャガイモ団子が壊れてしまいました。焼きソーセージが破裂してしまいました」などという凶報をも持ちこんだ料理女の頭に、彼女は怒り狂って台本を投げつけたのだった。そのあと暗記が夜にまでずれ込み、聞いてくれる人が必要となると、何のためらいもなく、ぐっすり眠っている母親を起こす始末であった。

馬車の御者フリードルとアデーレはもっとうまくいっていた。彼はたいていプラーターのお気

⓬ザンドロック

に入りの道のどれかに彼女をおろし、彼女が「朗読の散歩」から戻ってくるまで辛抱強く待っていた。そんなときには恐ろしい竜が、あっというまに心優しい羊になりうるのである。その羊は、お気に入りの馬ヘンゼルとグレーテルに白パンと砂糖をそっとわたして、お嬢様が午後のおやつをとるあいだ、あずまやのところに止まらせている実直な御者には、四分の一リットル・ワインを差し入れてやるのだった。プラーターに出かけると、ときおりヴィルヘルム大公に出会うことがあった。そんなときには、彼女の芸術の情熱的な崇拝者である大公は馬を止めさせ、宮廷女優殿のつぎの初演はいったいいつなのか尋ねるのであった——アデーレ・ザンドロックのお付きの御者にとっては、そのあと仲間うちで自慢するのにこれでもう十分である。「わしらは今日プラーターでいともかしこき大公様と話をしたんだぜ」と。

衣装係のシェーンフェルト夫人も、アデーレ・ザンドロックが信頼する者の一人であった。またしてもある初演が危機におちいった。イプセンの『ロスメルスホルム』のリハーサルが行われたが、この主演女優はこの作品の質に疑問を抱いたのだ。総稽古に出るかわりに、アデーレは病気と称して寝込んでしまったのである。劇場は大騒ぎとなる。お天気屋さんの彼女を出演する気持ちにさせるべく送り出された劇場の従業員も監督の秘書も、むなしく帰ってきた。そのとき、さらなる試みをする用意があると名乗り出たのが、善良なアンナ・シェーンフェルトだった。そしてつぎのような会話がかわされた。

「アンナ、そっとしておいて、できないわ、すごく気分が悪いの。」

「でもお嬢様、このとてもすばらしい役をほかの女優にさらわれて、彼女にほくそ笑ませるなんてことをさせてはいけませんわ！」

「とてもすばらしい役ですって、いったいどうしてわかるの。」

「わたしは二度リハーサルを見ました。二回とも素晴らしいできでしたわ。」

「そう？　あなたそう思うの？　わかったわ、じゃあガウンをこっちへわたしてちょうだい。起きて出かけるわ。でもひとつだけ覚えておいてね、アンナ、あなたが責任をとるのよ！　もし失敗だったら楽屋へは出入り禁止よ！」

「わかっております、お嬢様。すべての責任を引き受けます。」

総稽古と初演は最後の瞬間に何とかなった。そして双方とも、幕が下りたあとアデーレ・ザンドロックがひざまずき、祈りのかたちに手を組んで舞台に口づけするほどの大成功を収めたのだった。

●手玉にとられた男たち

ところで口づけをする――恋愛においても、ザンドロック嬢は荒々しくも奔放な人物であった。だが、アレクサンダー・ギアルディとの不幸な結婚によって職業的にも不利益をこうむった、フォルクス劇場の同僚へレーネ・オディロンの恐ろしい例を目の当たりにして、彼女はいかなる親密すぎるつき合いも避けたのだった。「おのれの芸術のことを真剣に考える女流芸術家は結婚すべきではない！」この問題に関する彼女の戒律にはこうある。「芸術が損なわれるか、男性が苦しむかだ。ほんのまれにしか両者を調和させることはできない。だから私は芸術への愛ゆえに結婚を断念したのだ。母も結婚に強く反対していた。関心を持った男性があえて私に近づいてきたときも、彼はとっとと失せるにしかずと悟ることになったのだ。」

作家のローダ・ローダとはともかく婚約までいった。だが、どんなに情熱的にことが進んだとしても、恋愛関係は長つづきしなかった。あるいは――フェーリクス・ザルテンの場合のように――くつろいだ生涯の友情へと移行したのである。

のちに動物物語『バンビ』や高級ポルノ『ヨゼフィーネ・ムッツェンバッハー』といった、実にさまざまな作品を生み出すことになる彼ザルテンとアデーレ・ザンドロックは、彼女ならではのしかたで知り合ったのだった。当時非常に多くの芸術家たちが足しげく通っていたカフェ・グリーンシュタイドルで、この内気な崇拝者は背後から彼女にそっとしのび寄って、頭越しに原稿を薔薇の花束ともども彼女に渡し、その際コーヒーポットをテーブルから落としてしまったのである。まわりの者たちはこのひどい不手際に怒り狂って、飛び上がった。けれどもアデーレ・ザンドロックは独特のぶっきらぼうで辛辣な調子で、この突発事件をこう評したのだった。「まったくもって劇作家ときたら！」

アルトゥール・シュニッツラーを彼女ははるかにきっぱりと扱った。フォルクス劇場では『メルヒェン』で、ブルク劇場では『恋愛三昧』で、彼女はちょうど医者から作家に転職したばかりの彼シュニッツラーを世間に認めさせたのだった。いま、彼女は彼を恋人にもしたいと思った。だがあまりにも内気なシュニッツラーは言い寄る彼女に尻込みして、形式的に手の甲に口づけをするにとどまる。ある夜ふたたび彼女と一緒にいて、小難しい話ばかりで、それ以上何の進展も見られなかったとき、しびれを切らした彼女は彼にこう叫んだのである。「もうたくさん、さあ、ベッドへ行きましょう！」とうとう二人がカップルになったときも、大柄な恋人より頭ひとつ小さいシュニッツラーは彼女の礼を失した振る舞いのために、何度も歯を食いしばって我慢しなければならなかった。「私のかわいいおちびさん」、彼女はみなの前で彼をこう呼んだのである。

ブルク劇場に迎えてくれた男とも彼女は関係を持った。監督のマックス・ブルクハルトである。二人のあいだが終わったとき、彼女はダックスフントを買い入れて、それをマックスと名づけた。ザンドロックのスキャンダラスな恋愛生活を論じては楽しんでいたウィーン子たちは、すぐさまつぎのような解釈を用意していた。今後もマックスを意のままにして楽しもうってわけさ。

●愛憎半ばするウィーンで永眠

ブルク劇場との契約——一八九五年二月から一八九九年一〇月までの契約期間のあいだに、彼女はこのウィーン一の舞台でつごう三一の作品に出演した——はスキャンダラスなかたちで終わりを告げる。同じ舞台で活動していた、アデーレとは一心同体の姉ヴィルヘルミーネの契約が、新監督パウル・シュレンターのもとで延長されず、また皇帝フランツ・ヨーゼフに個人的に伺候したにもかかわらず、それが恩給によってあがなわれたにすぎなかったので、彼女も退職願を出したのである。恨みを抱き、おきまりのさよなら公演もしないまま、彼女はウィーンをあとにし、ヨーロッパ横断の客演旅行に出る。

一九〇二年に彼女はもう一度三年間オーストリアに戻るが、往年の名声は消えてなくなっていた。そのあいだに四一歳になっていた彼女の、オペラに鞍替えするというばかげた試みが失敗に終わると、彼女は永久にウィーンにはうんざりして、ベルリンのマックス・ラインハルトのもとへと向かったのだった。ザンドロック嬢は熱望していた新たな成功にはここでもめぐまれなかった。それどころか、旧友に金を無心する手紙を送らねばならないような、苦難の年月を耐え抜いたといわれている。そしてついに五七歳の彼女は、「愉快なおばあさん」という得意な役柄でみごとなカムバックを果たし、舞台と映画で輝かしい第二のキャリアにつくのである。

あらゆる方向転換にもかかわらず、その後も彼女がウィーンと結びついていたことは、彼女の遺言が証している。最後の何十年間かはベルリンが彼女の生活の中心であり、また彼女はベルリンで亡くなったのではあるが、遺言でアデーレ・ザンドロックはマッツラインスドルフ広場《プラッツ》のウィーン・プロテスタント墓地を、自分の墓所に指定したのである。

⑬ザンドロック姉妹の墓（ウィーン，マッツラインスドルフ墓地。左が姉のアデーレ，右が妹のヴィルヘルミーナ）

別離と帰還

●●レーオ・スレザーク

スレザーク（Leo Slezak 1873-1946）はモラヴィア生まれのテノール歌手。ブリュン（現チェコ共和国のブルノ）の歌劇場で歌手としてデビュー。やがて当時楽壇の頂点に立っていたマーラーにその才能を見込まれてウィーン宮廷歌劇場の専属歌手となり、当代きってのヘルデンテノールとして絶大な人気を誇った。映画にも出演しコミカルな役柄を得意とした。

●ウィーンへ行くか、ブリュンで待つか

ウィーンへの跳躍台としてのブリュン——このことについては優に一冊の本が書けるだろう。十九世紀末のオペラ・演劇界にあってブリュンは典型的な出世のスタートラインのひとつであり、レーオ・スレザークは数あるその一例にすぎない。むろん、もっとも輝かしい一例ではある。彼の説明によれば、

「ブリュンが持つ心をくすぐるような雰囲気、人当たりのよい環境、くつろげるカフェ、すべてがウィーンとまったく同じ、ただウィーンよりも小さくひとところに寄り集まっているだけだ。」

小さな世界を大きな世界と取り換えるにはどうするか。運を天にまかせてウィーンへ行くか、それともお呼びがかかるのを待つかである。スレザークは後者を選んだ。そして、それは正解だった。あの大音楽家グスタフ・マーラーが彼を引き抜いたのである。マーラーは十三歳年下のスレザークを、みずからが音楽監督をつとめるウィーン宮廷歌劇場と契約させた。

●歌手の才能を見出されたニート青年

スレザークの父親はモラヴィアのシェーンベルクという町で製粉所を営んでいたが、破産してしまう。ブリュンで彼はもう一度一から始めねばならなかった。織物工場の工員として。母親は刺繍や針仕事で家計を助けた。息子のレーオには、将来役人か将校の道を歩むことが期待されていた。だが彼はその腕白ぶりで教師全員を恐れさせ、あげくのはてに実業学校《レアールシューレ》を飛び出してしまう。そこでグムンデンにある貴族の館に庭師見習いとして転がり込む。ところが見習い期間が終わる前にこの館──トラウン湖畔にある豪華な別荘──の所有者が代わり、父親はこの半端者をブリュンに連れ戻して、機械組み立て工場に押し込んでしまった。

余暇にブリュンの市立劇場《シュタット・テアーター》でエキストラをしていたスレザークは、主役級のテノール歌手アードルフ・ロービンゾンと知り合う。ロービンゾンはこの若造の歌手としての才能を見抜き、みずから進んで無料レッスンをしてやった。兵役期間のあいだも──スレザークはブリュンの第十七狙撃大隊に配属された──音楽の勉強はつづけられる。除隊したとき、大男になっていたので、古い服はどれももう体に合わなかった。引きつづき、彼は軍服のままでいなければならないのであった。弁護士事務所の書記ならびにスモモのムースの行商人——生活費を得るためのつぎなる試みである。だがその間にスレザークは歌手として著しい成長を見せ、市立劇場でオーディションを受けるまでになる。その場で契約が結ばれ、彼の境遇からは考えも及ばないようなギャラを受けとった——それも前払いで！　二三歳の男のデビューは大成功を収め、ブリュンのオペラファンは新たなローエングリーンの誕生を祝ったのだった。

●ウィーンへの道が拓ける

そこで本当にスターへの道が拓けたのだろうか。まずは一連の揺り戻しを片づけてしまう必要があった。バイロイトの厳しいしきたりになじんでいなかったので、スレザークはコージマ・ヴァーグナーの不興を買ったし、ベルリンの宮廷歌劇場はこの若い歌手を受け入れてくれたものの、役をひとつも与えてくれなかったのだ。ブレスラウのオペラハウスではじめて彼は、おのれの能力に見合ったかたちでの出演を果たす。ここで彼は数々の大作を歌うことができたし、おまけにここで人生の伴侶も見つけたのであった。エルザ・ヴェルトハイムである。彼女は女優で、ウィーンの出身だった。というわけでレーオ・スレザークはそのときから、将来の選ばれた故郷をわが家に持つことになる……

ブレスラウでの『マイスター・ジンガー』の初演——スレザークはシュトルツィングを歌い、ウィーン宮廷歌劇場のテーオドール・ライヒマンがハンス・ザックスを客演した。ウィーンに帰ったとき、監督のグスタフ・マーラーにこの若い同僚を心を込めて推薦したのは、ほかならぬこのライヒマンであった。

数年前におこなわれた試演でマーラーはすでにスレザークを知ってはいたが、ベルリンとの契約があったために、ウィーンへの招聘にはいたらなかったのだった。そのときすでにスレザークは、特定の演目の期間だけ出演する選りすぐりの歌手に数え入れられており、というわけで大勢のオーディションの恐怖を堪え忍ぶ必要はなかったのである。そのオーディションでは、二〇名の候補者が順に名前を呼び上げられ、劇場の係員に舞台へと連れ出され、そして最後には、監督事務所が出すあの白っぽい一通の手紙によって、片づけられてしまうのである。のちにスレザークはそれを、自伝的な書物の一冊でつぎのように再現している。

「謹啓。過日おこなわれました試演に際しまして、オーストリア＝ハンガリー帝国宮廷歌劇場監督局は、まことに尊重すべきあなたの声質は目下のところ、オーストリア＝ハンガリー帝国宮廷歌劇場にとって、まだ十分ふさわしいものとは見なしえないという認識に達するにいたりました。当監督局は、かならずやあなたに注意を払いつづけることでしょう。」

●センセーショナルなウィーン・デビュー

さきに言ったとおり、レーオ・スレザークはそんな目にあわずにすんだ。そしていま、たとえブレスラウにいても劇場という天空に昇る星であった彼は、大切に扱われる権利を持っていたのだ。宮中顧問官格のウィーン・オペラの使者が、デビューの細部を詰めるためにわざわざブレスラウへやってきたのである。彼はスレザークに好感を持ち、デビューの夜のあらゆる危険を彼に教え込もうとして、ウィーンが如何に危険な地であるか、新入りは誰でも、著名な共演歌手の信奉者たちの側から示されるどんな抵抗を覚悟しておかねばならないか、こと細かに説いてきかせた。

というわけで、ファン・ダイクのようにはまいりませんぞ！　使者が言うには、アーネスト・ファン・ダイクはフランス人のテノールで、どんな役のときでも彼が口にするフランスなまりゆえに、観衆にもてはやされたのであった。たとえば『ローエングリーン』ではこんなふうだった。「恵み豊かなアインリヒ国王はん、神さんがあんさんの剣のもとにいはりますように……」

しかし、ヴィンケルマンのようにもまいりませんぞ！　記念碑的なタンホイザー、シュトルツィングならびにラダメス役であったヘルマン・ヴィンケルマンは、とりわけ戦闘能力に秀でた熱狂的な信奉者の軍勢を意のままに操ったのであった。

シュメーデスも無理ですぞ！　エーリク・シュメーデスは、若きジークフリート、トリスタン、それにエヴァンゲーリマンで成功を収めて以来、第一級のアイドルであり、絶大な力を持つウィーンのさくらの観客たちも、あえて彼と競い合おうとはしなかったのである。

我慢して警告に耳を傾けていたスレザークは、こう応える。「顧問官さん、あなたのご説明からすると私には、はじめからギブアップしてとびきりの縄を調達して、一番近くの街灯の柱で首をつるしかありません。けれども、そんなことをするつもりは毛頭ございません。私はこれがベストだと思う役柄を自分で選び出し、それを歌います。気に入られればそれでよし。気に入られなければ、雇われないだけです。」

スレザークはウィーンで職につくにあたって、三つの役を選ぶことに決めた。『ヴィルヘルム・テル』のアルノルト、『アイーダ』のラダメス、『マイスタージンガー』のシュトルツィングである。すでに最初のオーケストラのリハーサルで楽団員たちは彼に拍手喝采を送り、同じことがその夜繰り返されることになる。ロッシーニのアリア「おお、マティルダ」のあと、観衆のあいだに喝采の嵐が巻き起こり、指揮者のフランツ・シャルクはタクトを脇に置き、腕を組んでふたたび静かになるのを待たねばならなかった。第一幕が終わると監督のマーラーはスレザークの楽屋へ駆けつけ、契約は締結されたと宣告した。ウィーンにセンセーションが起こる。新しいテノールは時の話題となった——ジャーナリズムにおいても、カフェにあっても、劇場の切符売り場でも。黄金時代の幕開けであった。それは、一九〇一年から一九三四年まで、三〇年以上つづくことになる。モラヴィアはシェーンベルク出身のレーオ・スレザーク、ウィーン・オペラのナンバーワンアイドルの誕生である。

●細心の注意を払って喉を管理

最初の歳月を「レオーシュク」と「リーゼルル」(二人はその間に娘マルガレーテと息子ヴァルター

も授かっていた）は、エリーザベト通り五番地の五階ですごす。その後スレザークは仕事場にずっと近いところ、ハインリヒスホーフの三階、つまりオペラハウスの向かいにあり、ケルントナー通りと聖シュテファン大聖堂が見わたせる十四の部屋からなる豪邸に移ることになる。というわけで宮廷歌手殿はいまや、上演のあと通りを渡りさえすればご帰宅ということにあいなった。奉公人たちが窓辺に寄って、オペラハウスから観客の群れが続々と出てくるのを見ると、彼らはダイニングルームに夕食を出し、グラスのなかへ入れて置いたビール温め器をグラスからとり出した。というのもスレザークはたいへん人づきあいのいい男であったからだが、しかしいったん上演がはじまると、彼はこの世でもっとも規律正しい人間になった。めったに外出しなかった（たばこの煙が立ちこめる飲食店にはけっして行かなかった）し、ファンが通りで彼に気づいて声をかけると、マントを開いて首にかけたプレートを示すのであった。そこにはこう書かれていた。「話せません、今晩歌うので。じゃ！」

毎朝七時に起床、喉をいたわるためにひとりで朝食、九時にピアノ伴奏者がやってくる。それから音楽室に閉じこもり、誰にも邪魔をさせなかった。妻のリーゼルルはいつも一緒にいた。彼女はもうずっと以前に自身の舞台でのキャリアに見切りをつけ、夫の世話に専念していた。彼女は夫自身よりも夫の声をよく知っていた。どんなちょっとした音程の外れも、どんな不調の兆しも、夫より早く聞き分けた。彼が歌う公演にはすべて足を運んだ。彼のほうも妻がどこに座っているか、いつもちゃんと知っていたので、難しいフレーズを歌い終わったあと、フットライトから目を覆うことで、彼女が承認してうなずきかけるのを見ることができた。その彼女のうなずきかたで、彼は彼女が本当に満足しているのか否か、見てとったのだった。

●いたずら好きな人気歌手

ちなみに、彼女は怒った顔をしてみせることもできた。たとえば――非常にしばしばあったことだが――彼が舞台で悪ふざけをしたようなときには。ロッテ・レーマンは彼のお気に入りのパートナーの一人だった。『マイスタージンガー』第二幕の、ベックメッサーの長い場面で、エーフヒェンと菩提樹の下に隠れて待っていなければならないあいだに、彼は一度この共演の女性歌手を大いに笑わせたので、彼女は自分の出だしをとらえそこなってしまったのである。

上演をラジオで放送するために放送局の人間が劇場にいるときは、もっとひどかった。スレザークのようないたずら者はその機会を利用して、幕が終わると放送をとおして知人に挨拶を送ったのだが、それが騒ぎを大きくした。ウィーンの桟敷席の観衆はその当時、自分たちのお気に入りがカーテンの前で喝采に応えると、大声でその名を呼ぶ習慣が身についていた。スレザークはそれを助長した。お辞儀をしながら客席と舞台のあいだの両側に置かれたマイクに向かって「スレザーク万歳！」と吼えたのである。多くの連中がそれにならった。というわけ

⑭スレザーク

で、共演のアルフレート・イェルガーが「イェルガー万歳！」と叫ぶ。するとスレザーク。「イェルガーじゃない、スレザークだけ――万歳！」はしゃぎすぎが高じてついに、放送局の技術者たちは幕が終わるや常にたちどころにマイクのスイッチを切らねばならない、ということにあいなったのである。

しかし観衆がいないスタジオでの収録の際は、どうだったのだろうか。そんなときでもスレザークは自分でやってのけたのである。アリアやリートを歌い終わるたびに彼は自分で熱烈に拍手して、マイクにこう語りかけたのである。「親愛なる聴衆の皆様、お宅でラジオに向かって一緒に拍手してください。」

オペラに行くのが法外な贅沢であるような庶民のあいだにも、レーオ・スレザークは多くの友を持っていた。その一人に、雇われ御者のヨーハンがいた。街で馬車に乗る際には、スレザークはほとんどつねにヨーハンの一頭立ての馬車を利用した。ヨーハン氏が馬車につないでいる馬は、目が見えなかった。彼は、有名な客がそれでもいつも自分の馬車を使ってくれることを、たいへんありがたがっていた。その馬が死んだとき、ヨーハンはこの常連客に感動的であると同時に不気味な贈り物をした。彼は蹄をひとつとって、それでニッケルの薄板と糸鋸を使って、宮廷歌手殿の書き物机用の、装飾がたっぷりほどこされたインク壺をつくったのだ。

有名なアスリートのゲーオルク・ヤーゲンドルファーもスレザークと親しくしていた。かつてレンツ・サーカスでの力業で名をはせ、ピアニストともどもコンサート用ピアノを持ってバランスをとるというのが彼の当り芸のひとつだったが、その彼はいまやもう骨の折れる仕事からは身を引いて、スレザークが住む同じ建物の地下で棍棒体操教室を開いていた。宮廷歌手殿はコンディションを整えるために、毎朝七時にそこへトレーニングにやって来た。ヤーゲンドルファーは冗談を言ってスレザークを大笑いさせたので、それが声に障り、スレザークはふたたび棍棒体操を断念しなければならなかったのである。自分のために宣伝用の写真を撮ってほしいという彼の望みも、スレザークはかなえてやることができなかった。裸で、虎の皮だけを身につけた古代ローマの闘士のポーズ――そんな姿を見ていったい誰がタンホイザーあるいはラダメスのスレザークだと本気で思うだろうか。

●大名行列を思わせる海外公演への旅立ち

海外での出演の時がやってきた。一九〇九年、レーオ・スレザークは初めてアメリカでの客演に旅立つ。ニューヨークのメトロポリタン・オペラ劇場との契約で彼は、ふだん彼とともにすごしている者も一緒に連れてゆくことを要求した。妻と子どもたちのほか、さらに女家庭教師、料理女、小間使い、専用ピアニストのオスカー・ダックスとその妻、二匹のマルチーズ、猫、それにカナリアとオウムである。

出発の何週間も前からもう荷造りがおこなわれていた。巨大な体格と肥満のためにどんな既成の舞台衣装も体に合わなかったので、彼はパリで大枚をはたいて自分用の衣装を新調した。妻のリーゼルがその手入れをしなければならなかった。どの衣装——トリコットや胴衣、ズボンや外套——も注意ぶかく折りたたまれ薄葉紙のあいだに入れられた。すべての装具——盾や剣、甲冑や甲——がフランネルの布で保護された。役のそれぞれに応じて籐製のトランクがあり、「オセロ」、「ローエングリーン」、「アイーダ」といった名が記されていた。七、八〇個の荷物を持って税関を通らなければならないたびに、スレザーク夫人は、かつてすべてを順番に取り出させたあとまた詰めさせた、あの超徹底的な役人のことを思い起こして、冷汗をかいた。

一行がウィーン西駅へと向かう前に、スレザークは面々をもう一度自分の部屋に呼び入れ、彼らと一緒に祈りを唱えた。それからおのおのが手荷物を手にした。娘のマルガレーテはカナリアの籠、息子のヴァルターはキャンディー入れのように見せかけてつくった紙袋にエナメル製の携帯用便器を入れて。舞台への登場を脅かすことになりかねない細菌をいつも極度に恐れていたスレザークは、よそのトイレを使うことができなかったのである。レストランで食事をする際も、まず最初にカップ一杯の煮えたぎる熱湯を注文し、それで食事道具一式を消毒するのであった。

リーゼルル夫人はたくさんある荷物用の鍵の重みで、いまにもくずおれそうだった。だが実際そうなりそうだったのは、皮打ちされた麻布製の巨大な旅行鞄を自分で引きずっていたレーオ・スレザークのほうであった。それは上までぎっしり詰め込まれ、はち切れんばかりになっていた。とりわけそこに入っていたのは、書き物机用の用具一揃え、二台の立体カメラに三脚とストロボ用の粉末、旅行用の薬に鼻と喉用の噴霧器、三種類の吸入器にそれ用のアルコール蒸留器、工具箱、家族全員とペット全員の写真の入った折りたたみ式の革製の写真立て一揃え、収支をすべて記した分厚い日記帳であった。上着の胸ポケットのひとつには財布が入っていて、そのなかに切符とパスポート、別のポケットにはもうひとつ財布が入っていて、そこには通過する国順にさまざまな国の紙幣がきちんと入れられていた。十五分おきにスレザークは両方の胸ポケットをたたいては、中身を確かめたのだった。列車や外洋船のなかではくつろいでいたものの、宮廷歌手殿は旅行中、つぎのコンサートを、つぎのオペラを脅かすような事態が発生するかもしれないと、つねに不安に思っていたのだった。

出発の日が来ると、大き目の荷物――衣装や小道具や舞台装飾の入った三〇から四〇の大型トランク――を西駅へ運ぶべくハインリヒホーフの前に荷馬車がやってきた。奥方と小間使いは通りに立って積み込みを監視し、スレザーク自身は窓から指揮を執った。家の前には興味を持った人たちが大勢集まっていた。スレザークのファンたちは自分たちのアイドルに感動的な別離のセレモニーを挙行し、一人の警官が交通整理にあたった。

数ヶ月後、レーオ・スレザークがウィーンに帰ってきたとき、同様の大騒ぎがまったく逆の立場から演じられた。唯一の違いは、いま帰還に際して崇拝者たちの敬意が一段と熱狂的なものになったことだ。彼らの喜びはとどまるところを知らなかった。何といったって彼が帰って来たのだから！

熱いお風呂

ロッテ・レーマン

レーマン（Charlotte（Lotte）Lehmann 1888-1976）は北ドイツ・ペルレベルク生まれのソプラノ歌手。ハンブルク歌劇場でのデビューの後、ウィーン宮廷歌劇場で活躍。その後ナチスから逃れてアメリカに移住。リリカルな歌声で人気が高く、R・シュトラウスに気に入られ、ことに『薔薇の騎士』の元帥夫人は当たり役として有名。歌曲の分野でも大きな足跡を残した。

●もっともウィーン的な歌手となったプロイセン女性

ウィーン――重い血が流れるプロイセン女性の彼女が、いつかこの地になじむことがあるだろうか。ロッテ・レーマンは強い疑念に苛まれていた。「私はたいへん北方的で、とてもドイツ的なの。オーストリア人のような軽やかではやく流れる血は、私のなかに脈打ってはいないわ。」二六歳の彼女をウィーン国立歌劇場に連れてきた、彼女の将来の上司である監督のハンス・グレゴールは、こう言って彼女を慰めたのであった。

「私を信じなさい。あなたはこの街にすっかり首ったけになってしまいますよ。ちょっと熱めのお風呂に入るようなものです。最初は居心地が悪くて、すぐに出たくなります。それから心地よくなりはじめ、しだいにぼんやりして夢見心地になり、眠くて動くのがいやになって、とても感じがいいと思いますよ。そうなるともうウィーン子です……」

あるいは――ソプラノ歌手ロッテ・レーマンのように――あらゆる女性歌手のなかでもっともウィーン的な歌手になるのである。彼女のオクタヴィアン、アラベラ、元帥夫人は手本となった。それも彼女の時代だけではなく、将来に対しても。

●ハンブルクからウィーンへ

ペルレベルクはシュヴェリーン郡の郡庁所在地である。ブランデンブルクとメクレンブルクの境界に接するこの地で、ロッテ・レーマンは一八八八年二月二七日に生まれる。父親は役人だった――のちに娘の出世を自分の生き甲斐としたのは、おそらく彼自身音楽的素養を持っていたためであろう。母親も忠実についてきた。ハンブルクであろうとウィーンであろうと、新たに契約が結ばれるたびに彼らは三人で移住した。

ベルリンで学業を終えたロッテ・レーマンは、二二歳のときにハンブルク市立劇場でデビューする。リヒャルト・ヴァーグナーの『ローエングリーン』のエルザ役は、彼女の最初の大きな成功となった。いまや、すなわち一九一四年にはミカエラ役で舞台に出る。『カルメン』のこの百姓娘役にもまた、ハンブルクのオペラファンの好意がよせられた。

ある日、ウィーン宮廷歌劇場の監督グレゴールが、ドン・ホセを聴くために劇場にいるという噂が広がった。「じゃ、とにかくきれいに歌うんだよ、ロートヒェン！」と同僚の一人が彼女にささやいた。「もしかすると、ウィーンに引き抜いてもらえるかもしれないんだから。」

ウィーンと聞いても笑うしかなかった。彼女のような若い歌い手にとって、オーストリア＝ハンガリー帝国宮廷歌劇場は夢のまた夢だったのである。それに、何といっても彼女はハンブルクでしあわせだったし、満足していたのだ。まさにこの地の客に気に入られ、新たな役を獲得する以外、何も欲しなかった。ちょうど彼女をグルックの『アウリスのイフィゲーニエ』のタイトル役に大抜擢した監督のハンス・レーヴェンフェルトは、彼女とほかにも大きな仕事をするつもりだった。一時の感情の爆発で彼女がわれを忘れて、彼にときおり無礼な手紙を書いたというのは、まったくふつうの芸術家特有の緊張のあらわれであり、お互いに抱いている個人的な共感をまったく損なうようなものではなかった。レーヴェンフェルトはそれらの手紙をまとめて大切に取っておき、機嫌を損ねるような事態に見舞われて気晴らしが必要になると、この奇妙なコレクションを眺めて楽しんだ。

『カルメン』の上演は終了した。監督のグレゴールが興味を持っていたテノールは彼の期待にそわず、すでに作成されていたウィーンとの契約書は署名されないままになった。そのかわりに大急ぎで契約書がもう一通つくられた。ミカエラ役の歌い手――こいつはウィーンにとって儲けものだ！

代理人のノルベルト・ザルターが、二六歳のレーマン嬢にホテルに話し合いに来るよう求めた。訪問者と向き合う前に、彼は一連の電話を片づけてしまわねばならなかった。絶大な権力を持つ彼の通話のなかで、何千単位の金がめまぐるしく動くのを、若い歌い手は目を丸くして聞き入っていた。駆け出しの彼女には、夢見るしかないようなギャラだ。

電話を終えるとようやくザルター氏はホテルの机に身構えて座り、やっとこう切り出した。「ウィーン宮廷歌劇場の監督がきのう、テノールを聴くために上演に居あわせたのをご存じですね。監督は別の選択をしました。監督はあなたを選んだのです!」

何が起こっているのか、ロッテ・レーマンがまだちゃんと理解しえないうちに、代理人のノルベルト・ザルターは机越しに彼女に一枚の書類を手渡した。「これがあなたの契約書です。さあ、サインしてください!」

ぼうっとしたまま彼女は書類に目を走らせた。そこには、ギャラとか契約期間といった数字しか書かれていないように思われた。何もわからないまま契約書にサインしようと、彼女はペンに手を伸ばす。だが突然動きを止める――監督のレーヴェンフェルトに対して、そう簡単にこんなことをしてもいいのだろうかと、良心がとがめたのだ。結局のところ彼女は彼の庇護のもとで快適に感じていたし、それに最初の成功も彼のおかげだったのだ。彼女はレーヴェンフェルトに秘密を打ち明け、彼にこの名誉ある申し出について報告し、自分の決断を彼の反応にゆだねたのだったが、ことはそれだけでは収まらなかった。

話し合いがもたれる前に、舞台裏で激しい衝突が起こっていたのだ。ロッテ・レーマンのウィーン行きを何としても阻止したいと思っていた同僚たちの一人が監督室に飛び込んできて、レーヴェンフェルトにこう頼み込んだのである。「彼女に年一二〇〇〇マルク与えてください。そうすれば彼女は残ります!」

「一二〇〇〇マルクだって? いったい彼女は誇大妄想狂にでもなってしまったのかね。話にならんね。」

レーヴェンフェルトは、事件全体の背後には戦術的なトリックしかなかろうと踏んでいたし、ウィーンの申し出は愚にもつかぬはったりだと見なしていた。

「待ってくれ、レーマンちゃん」、人々はいまやすっかりへそを曲げてしまった彼女を、決断をさらに先送りするよう説得しようとした。「そんなことしちゃいけない。待つんだ、彼はきっとゆずるよ。」

そのとき彼女の住まいに、契約書の署名を迫る代理人ザルターからの電報が届く。ロッテ・レーマンは同意する。ハンブルクから立ち去ることが決まり、ウィーンでの最初の客演は一一月ということになった。

●驚きと不快をもたらしたウィーン流儀の洗礼

だがとてつもない出世を楽しみにする気持ちには、さまざまな懸念も混じり合っていた。第一次大戦が勃発していた。そんなときにそもそも舞台などやっていられるだろうか。外の戦場で若者たちが大勢死んでいるときに、いったい誰がオペラに足を運ぶだろう。それに両親はどうなるのだろう。骨の髄までプロイセン的な二人が、のんきなウィーンでちゃんとやって行けるだろうか。

一九一四年一一月になった。ウィーン宮廷歌劇場の栄光に目をくらまされて、ロッテ・レーマンは戦争がこの古い帝都にも投げかけた影には、まったく気づかなかった。ヴァーグナーの『ニュルンベルクのマイスタージンガー』がプログラムに載っていた。彼女はエーフヒェンを歌い、フランツ・シャルクが指揮を執った。

複雑な気持ちでロッテ・レーマンは栄えある劇場に足を踏み入れる。ずっと北の方からやってきた新入りの自分は、ドイツの田舎出であるということを思い知らされはしないだろうか。

すでに稽古場にいるときから、ロッテ・レーマンは驚きの連続だった。主席演出家のヴィルヘルム・フォン・ヴィーメタールがやさしく彼女の手をとって、みずから裁縫室へ連れていってくれた。アルフレート・ロラーが衣装《コスチューム》のデザインを描いていた――とくと吟味してください。もしお気に召さなければ、すぐに別のものを選んでいただきます。信じられない――何というスター扱い！　けちくさいハンブルクのことを思うと……

しかしあまり快適とはいえない体験も彼女を待っていた。ロッテ・レーマンがホテルの部屋にいると、誰かがドアをノックした。いわくありげな男の声が廊下から、しきりに彼女に説いて勧める。この厚かましい男は私にいったいどうしろというのだろう。彼女にはこの見知らぬ男のせがむような言葉がわからなかった——ついに初めて決定的な一言が発せられるまでは。さくら。ロッテ・レーマンは楽しげに吹き出した。じゃ、ハンブルクで前もって注意してくれていた仲間たちは、ほらを吹いていたわけじゃなかったんだわ！

「けっこうよ」、彼女はこのしつこい男を追い払おうとする。「さくらはいりません。拍手にお金なんか払いませんから。そんなの考えただけでもぞっとするわ。」

「出世のことをお考えくださいさい、お嬢様」、妙に脅すような感じでホテルの部屋のドアからこう返ってくる。

だがロッテ・レーマンは聞き入れない。いわくありげな男はためらうような足どりで去ってゆく。一時間後に騒ぎが繰り返される。今回彼女は、何らかの策略をもちいて部屋までもぐり込んできたこの招かれざる客と、相対する。彼が押しかけてきた厚かましさは、ものすごく丁寧な態度によってやわらげられ、また彼の上着にはいくつかの勲章やメダルも輝いていた。

「今晩のさくらのことでお伺いしました」と、深々と頭を下げ、踵を打ち合わせながら、彼は言った。

「興味がないって、あなたにもう言ったじゃないの」と、いらいらして彼女は応えた。

「ああ、それはヴェセリィですよ。私はいま初めて来たばかりです。じゃ、ヴェセリィのやつがここに来たということですな……」

不快感をおぼえて、彼は両手を荒々しく振り回し、いまいましい商売敵を追い払おうとする。連中を相手にしてはいけません。ヴェセリィのやつは二流です。さくらの「本物の」参謀総長は自分なんです――歌い手の方全員から評価されていますし、皆様に使っていただいているんです。そう言って彼は脇に抱えた古新聞の束、黄ばんだ批評、拍手喝采を頼む手紙、それに感謝状をとり出した。

とうとうロッテ・レーマンは理解した。この男なしではにっちもさっちも行かない、否が応でも雇わなくちゃいけないんだわ。

その夜上演が終了したあと、フリードリヒ・ヴァイデマン、ウィリアム・ミラー、リヒャルト・マイアー、それにアレクサンダー・ハイターに対する拍手喝采に、「レーマン」という叫び声もいくつか混じったとき、彼女は恥ずかしさのあまり消えてしまいたい気分だった。「フロイデンベルガーがつとめを果たしてるんだわ……」そもそもこんな成功を喜んでおれるだろうか。翌日新聞の批評が出て、当時の第一人者の一人ルートヴィヒ・カルパートがデビューを果たした彼女に、すぐにもウィーンの観衆のお気に入りになる見込みが十分あると保証するにおよんで、ようやく人心地がついたのであった。

●黄金期を支えた歌手の仲間入り

しかしこれはまだ客演にすぎなかった。正式の契約は数ヶ月後にようやく結ばれることになる。

彼女がウィーンへと向かう列車の音は、「できるだろうか、できるだろうか……」と自己暗示に

⑮レーマン（ベートーヴェン『フィデリオ』のレオノーレ役）

かかったようなリフレインとなって、彼女の耳に響いた。「自分が攻略しなければいけない輝くばかりの要塞」のように、と彼女はのちに自伝に記すことになる、「ウィーンは私の前に横たわっていた。この街が持つ魅惑的な美しさに、その人の心をとらえてやまない愛らしさに、自分がこんなにもはやく降参してしまうとは思ってもいなかった。そしてまたハンブルクが、好ましくは思うけれどもあこがれを抱かない、そんなむかしの写真のように沈んでゆくとは思ってもいなかった。なぜなら、ウィーンがすべてを満たしてくれたのだから。」

そうこうするうちに街は戦争に染まっていった。いたるところで物資の欠乏が目につき、通りは以前より埃っぽくなり、人々の身だしなみは悪くなった。ただオペラだけはすべてもとのままだった。ほとんど宮廷風といっていい儀式は、細大漏らさず遵守された。管理部への出入りを監視するエレガントな黒服を着込んだドアマンや、到着の知らせを告げるおごそかなセレモニーなどだ。まさにウィーン宮廷歌劇場の黄金時代のひとつだった。マリア・イェリツァ、ゼルマ・クルツ、マリー・グートハイル＝ショーダー、ベルタ・キウリナ、ベラ・パーレン、リヒャルト・マイル、レーオ・スレザーク、エーリク・シュメーデス、それにアルフレート・ピカヴァーがウィーン・オペラ界をリードしていた。

ロッテ・レーマンは『魔弾の射手』のアガーテ役でデビューした。彼女のために用意された衣装は、おとぎ話のように美しかった。しかし彼女はまたしても奇跡を体験する。気に入らなければ裁縫部に新しいデザインを頼むよう勧められたのだ。信じられない！

大きく出世するには能力とならんで運もつねに必要だ。『ナクソス島のアリアドネ』改稿の初演で、ロッテ・レーマンは若い作曲家の役をえた——ただしそれは代役にすぎなかった。一九一六年一〇月四日の初演では、有名なマリー・グートハイル＝ショーダーが歌うことになっていた。ところが最終リハーサルのあいだに、彼女は病気になってしまう。そこでリヒャルト・シュトラウス（彼はのちにロッテ・レーマンについて、「彼女が歌うと、星も心を動かした！」と言うようになる）は、「代役」にたよることになる。翌日の新聞にはこんな記事が出た。「昨日の一〇時半、ロッテ・レーマンが何者であるか、ウィーン中が知ることとなった。」

いまや勝利につぐ勝利である。エーリク・シュメーデスとならんで演じたジークリンデ、リヒャルト・マイルとはオクタヴィアン、それにアルフレート・ピカヴァーとはマノン。一九一六年一一月二一日、皇帝フランツ・ヨーゼフが世を去る。一般の宮中喪がおこなわれているあいだ、オペラもしばらく幕を下ろすことになるのだが、するとすぐさまハンブルクから問い合わせの電報がやってきた。「幾本ぐらいの客演のためならこちらへ来てもらえますか？」ところがウィーンの首脳陣はあれこれ言って反対し、ロッテ・レーマンを行かせなかった。彼女はわめき散らす。何もすることなくウィーンでぼうっと座ってなくちゃいけないのよ。新皇帝カールがいつ上演活動を再開させるかなんて、誰にもわからない。この手に負えない芸術家に「不敬」の責任を問い、精神病院に入れてしまおう、というのはすぐさまたんなる冗談であることが判明する。しかしこの自制心のなさが彼女を苦しめることになる。コンサートホールでの祝典で若い皇帝夫妻を前に歌った際、彼女は輝くような祝典の衣装のかわりに、ハンブルク時代の着古したドレスを身につけて舞台に出たが、彼女は翌日、このみすぼらしい灰かぶり服に関する多くの嘲笑的なコメントを甘受しなければならない羽目になった。もっとも今回は彼女も呑み込みの早いところを見せた。もうその日の朝のうちにロッテ・レーマンは、ウィーンで評判のオートクチュールの一軒を訪れ、選りすぐりの衣装を注文したのだ。

●プッチーニとR・シュトラウスのお気に入り歌手

一九二〇年一〇月、プッチーニの『三部作』初演。『外套』、『修道女アンジェリカ』、『ジャンニ・スキッキ』という三本の一幕物の初演の直前に、この作曲家はウィーンに入る。いくつかの声には彼はすっかり満足しているわけではないとの噂が広がる。怒った彼はお供のリカルド・シュナーブル=ロッシをリハーサルに送り込む。「どういう間抜けがここでアンジェリカを歌うのか確かめてきてくれ!」初演のあと彼は楽屋のロッテ・レーマンにカードを送る。「比類なきアンジェリカ」という手書きの献辞を添えて。ミミを演じる彼女を見たときには、彼の目に涙が浮かんだのだった。

つぎに述べる作曲家とロッテ・レーマンとの関係ははるかに緊密なものであった。リヒャルト・シュトラウスである。シュトラウス／シャルク二重管理体制のもとで仕事が着手され、『影のない女』の初演が一九一九年一〇月一〇日に迫っていた。ロッテ・レーマンには女染め物師の役が予定されていた。グムンデンの避暑地で彼女は、とてつもなく難しくてこれをこなすのは奇跡に等しいと、リヒャルト・シュトラウス自身も認めていた役を覚え込む。大作曲家が個人的に準備に割って入り、ガルミッシュの自分のところに来るようロッテ・レーマンに頼んで、彼女と一緒に役を検討したのであった。彼自身がピアノを弾いて伴奏した。

ロッテ・レーマン個人にもまた特別な運命のときが待ち受けていた。彼女が自分と両親のために購入し、改築して家具を入れ、可愛らしいものへとしつらえていたヒンターブリュールの家が、いつでも入居できる状態になったのだ。彼女自身は最後の一手を職人にまかせなければならなかった。ずっと離れたロンドンにいて、ブルーノ・ヴァルターの指揮で『薔薇の騎士』の元帥夫人を歌っていたのである。

リヒャルト・シュトラウスはこのお気に入りの歌手に、たえまなく要求の高い新たな課題を与えつづけた。一九二四年秋、ドレスデンで『インテルメッツォ』が初演される――彼には、クリスティーネ役（そのなかで彼は愛する妻パウリーネを賛美していた）は、ロッテ・レーマン以外考えられなかった。ロッテ・レーマンは非常に控え目に仕事にとりかかり、何度か役を降りようとし、この作品が成功するとは信じていなかった。ドレスデンへは一人で旅立つ。ふだん大きな上演ではすべて彼女に同伴していた父親はウィーンに残らねばならなかった。

のちに彼はそのことで彼女を非難する。

「でもパパ、わかってくれなくちゃ」、彼女は笑って応える、「成功するなんて誰にも思いもよらなかったんだもの。それに考えてもみてよ、娘の敗北を体験しなければならなかったかもしれないのよ。」

というわけで彼女は父親をなだめて、オーストリアでの初演を待ってもらうことになる。「じきにウィーンにもやってくるわ！」しかし一九二五年三月、それが訪れたとき、父レーマンは死の床についていたのだ。ウィーンでの『インテルメッツォ』初演の前日、彼はヒンターブリュールの新しい家で永眠する。そのほんの少し前まで黒いスピッツの愛犬モールレと戯れ、ウィーンへ行くのを楽しみにし、ひとり声に出して歌っていたというのに。

●アメリカに亡命してもなお心はウィーンに

母親はショックを受けて病に倒れ、夫を亡くしたことからある程度元気を取り戻すまで、何年も介護が必要であった。母親が元気になったとき初めて、ロッテ・レーマンは結婚を決意する。彼女の夫、かつてのハンガリー騎兵隊将校オットー・クラウゼはユダヤ人だった。ナチス・ドイツがオーストリアを併合する一九三八年まで、彼女はウィーン国立歌劇場に属していた。アメリカへの亡命とともに彼女のニューヨーク・メトロポリタン歌劇場での時代が始まる。この新たな世界で彼女は後年、演出家ならびに歌唱指導者としても活躍することになる。

一九五五年一一月五日、再建されたウィーン国立歌劇場がおごそかにその幕を開けたとき、ロッテ・レーマンも賓客として招かれていた。そして一九六三年、かつての選ばれた故郷ウィーンは彼女にその名誉を顕彰する指輪を贈る。一九七六年八月二六日、彼女はカリフォルニアのサンタ・バーバラで八八歳の人生を閉じる。亡骸はウィーンに移送され、中央墓地にある市の名誉墓地の一画に埋葬されたのであった。

不釣り合いなカップル

ミチコ・タナカ＝マインル

田中路子（1909-88）は東京・神田生まれの声楽家・女優。ウィーン国立音楽大学声楽科に学ぶ一方で、社交界にもデビュー。オーストリアきっての実業家と結婚し、その財力とコネをも生かしてオペラや映画に出演。のちにドイツ人俳優と再婚。幅広く華麗な人脈を駆使して日本とオーストリア・ドイツとの文化交流にも尽力した。

●サムライの末裔娘がウィーンで歌手に

いにしえのサムライの後裔であった彼女の父親は、広島の高名な画家であった。彼女自身は、音楽のほうに傾いていた。両親は彼女を東京の「聖心会《サクレ・クール》」に入れる（実際には、サンモール修道会が創始した雙葉高等女学校）。日本でもっとも声望のあるキリスト教の女学校だ。ここで彼女は良家の娘が長じてのちに必要とするあらゆることがらを授かる――生け花や茶道、極東式の体の手入れや治療マッサージの極意もふくめて。ミチコ・タナカのことである。

彼女の叔父は外交官で、しばらく前からウィーン日本大使館の公使をしていた。彼は学校を出たばかりの十八歳の彼女の面倒をみるよう頼まれる。「まるで小包のように」――と彼女はのちにこの運命の移送を振り返ることになる――彼女は家族によってヨーロッパへと送られたのであった。叔父が彼女のために一肌脱いで、音楽学校で学ぶ場を用意してやることになった。一九一〇年生まれ〔事実は、一九〇九年生まれ〕のミチコはハープ奏者になりたかった。

しかしそうはならなかった。外国からの音楽留学生の誰もがそうであるように、ミチコ・タナカもまたウィーン・オペラに惹きつけられたのである。環状道路《リング・シュトラーセ》沿いの劇場は、まさにその黄金時代のひとつを迎えていたのだった。マリア・イェリッツァが舞台でトスカを歌っていた。ミチコは魅了され、叔父の対応は正しかった。片手で舞台、もう一方の手でオーケストラボックスを示しながら、彼はかたわらの小さくて華奢な彼女にこう尋ねる。「よく考えてごらん――歌手は上でハープ奏者は下だ。本当にきみは下にいたいのかい。」

数分のうちに決断がくだされた。ミチコは声楽の試験を申し込んで合格し、声楽を学ぶことになる。そして声楽の学生となった彼女は、有名なコロラトゥーラ歌手マリア・イーヴォギューンの心をつかむ。

●人望厚い大富豪との不釣り合いな結婚

ついに日本出身の蝶々夫人あらわる――なんというセンセーション！　実際、ミチコ・タナカはやってのけた。声量の欠けている点は、外見の魅力と表現の確かさで補ったのだ。そして――どうしてこれを黙っておれようか――彼女の夫のすばらしいコネによっても。というのも、そのあいだに二一歳になっていたミチコは、結婚していたのである。世界的名声を誇るオーストリア人、第一共和国の財界ナンバーワンの男、ユーリウス・マインルと。一九三一年三月、二人はウィーンで式を挙げる。のちの首相エンゲルベルト・ドルフースが結婚立会人の一人だった。

どこから見ても不釣り合いなカップルだった。古いオーストリア人であるユーリウス・マインルがアジア人女性を妻に娶るというのは、仕事がら世界中を股にかける彼のような男にとっては、ほとんど重要なことではなかった。それだけにいっそう二人の年の差が目を引くのだ。夫より四〇歳若いミチコは彼の娘、それどころかほとんど孫といってもよかった。

最初プラハのホテル経営者の娘エミー・シェルナーと結婚していたマインルが、歌手としてのキャリアを始めたばかりのミチコと婚約をかわしたのは、彼六二歳のときだった。ウィーン商業専門学校を卒業した彼は、一年間の志願兵として騎馬砲兵隊で兵役を果たしたのち、ロンドンの砂糖問屋の見習いとして初めての海外体験をし、一八八九年以降父親の仕事を手伝っていたのだった。

第一区の市街地にある食料品店――最初はラウレンツァーベルクで、そののちフライシュマルクトで――は、「毎日炒りたてのコーヒー」の販売をもはやコーヒーハウスにだけ限定しない新しい営業法によって、儲けたのであった。ノイシュテット小路《ガッセ》に支店第一号がオープンし、ココア・チョコレート・代用コーヒーの工場がそれにつづいた。一九〇五年には、規模を大きく拡大させたこの企業は郊外地区のオタクリングの二ヘクタールの地所に移転するまでに成長した。ほどなくそこに、今日なお存続している本社工場ができる。四年後には、マインル・チェーンは四八店を数えることになる。会社専用の学校が見習いたちの統一した教育を引き受け、新式のトラック輸送システムによって製品を手早く配送、コーヒーの世界株式市場には常設の輸入事務所が設けられた。

福利厚生の分野でも息子のマインルは先駆者となった。彼は、日曜休日と週五日労働を初めて導入した者の一人なのである。そのうえ、一九一三年以降会社のただ一人のオーナーとなったユーリウス・マインルは、第一次大戦中に一般の慈善家としても名をなす。すなわち、中立国スイスにこのウィーンのコーヒー王は、貧苦にあえぐオーストリアの子どもたちのための援助組織を創設したのである。外国で得ていた名声のおかげで、彼は戦後オーストリアへの食料品の輸送について、戦勝国と合意に達することができた。ただ、彼が創設した「政治協会」の助けを借りて、すでに一九一六年に講和条約を締結しようとした彼の努力だけは、(ドイツの反対にあって)失敗に帰した。オーストリア＝ハンガリー帝国の解体も、彼は最高のレベルで交渉をおこなったにもかかわらず、食い止めることができなかった。無数の輝かしい勲章の持ち主である彼は、両次大戦間の戦間期にデンマーク王国の総領事になる。そのうえマインルは選りすぐりの教養の持ち主であり、芸術にも深い理解を有する人物だったので、一九三一年以降ミチコがその輝くばかりの中心をなしていた彼の家には、時代の

⑯ミチコ・タナカ

偉大な精神の持ち主たちが出入りするようになる。作家のジョージ・バーナード・ショウ、シンクレア・ルイス、それにトーマス・マン、作曲家ではフランツ・レハール、オスカー・シュトラウスに、リヒャルト・シュトラウス。ピカソとも親友であったし、のちにはブルーノ・ヴァルターやヘルベルト・フォン・カラヤンとも親友となる——毎週水曜日はマインルの別荘において外国人のための日と定められていた。シェイクスピアのドイツ語への、『ファウスト』の英語への翻訳問題に関しても、また画家シュピッツヴェークの作品の成立年代を決める問題に関しても、総領事殿は同じように意見を述べることができた。それにこんなにも多くの芸術家のお歴々と親しく交わっていたので、それは当然彼の若妻の出世にとっても、さまざまなかたちで助けとなった。夫からやさしく「ミッチェルル」と呼ばれていたミチコは、成功につぐ成功を収めた。彼女の蝶々夫人は世の大半を魅了したし、シドニー・ジョーンズの『ゲイシャ』でも彼女はミモザを演じて光彩を放ち、パウル・アブラハムは彼女のためにオペレッタ『踊り子ジャイナ』を書き、一九三七年にウィーンの劇場での初演が大成功を収めたのち、それは何ヶ月もプログラムに残ったのである。彼女の歌うモーツァルトの歌唱によってザルツブルクのモーツァルテウムの門には、その時代の大御所にならんでミチコの名も刻まれている。フランスとイギリスでは、彼女は映画を撮った。そのうちの一本『恋は終わりぬ』のために、フランツ・ザルムホーファーが彼女にぴったりの曲「ナミコの歌」を書いた。

●寛容な夫が公認したドイツ人男優との再婚

もちろん「年の差」が四〇歳も違う夫婦にあっては、さまざまな問題が起こらないわけにはいかなかった――とりわけミチコは享楽的な気質の女性であって、男たちにとり巻かれ、海外公演の際にはつねに同僚男性と関係を持とうとしたからには。一九三八年、パリでオフュルス監督の映画『ヨシワラ』に共演した日本人俳優との関係は、手痛い失望のうちに幕を閉じた。また作家カール・ツックマイアーが彼女に言い寄ってきたときには、他方では自由を愛する彼女をどんなことがあっても自分自身に縛りつけはしないだけの意識と雅量を示していた夫ユーリウス・マインルが、これを阻止した。彼の条件はただひとつだけだった。本当にいつの日か自分よりも若い男に彼女をゆずらなければならないとするなら、その男は「まっとうな男」でなければならないというものだった。しかるべき後継者――それを見つけるのは彼自身だけではなくて、とりわけ彼女の義務であった。

ヴィクトル・ド・コーヴァ――マインルがついに受け入れた花婿候補だ。一九四〇年春のことである……

彼女の写真をド・コーヴァは、数年前にウィーンで映画『オプティミスト』を撮っていたときからすでに知っていた。ケルントナー通りをぶらついていて、ある写真スタジオのショーウィンドウをのぞいたときに、それが彼の目に飛び込んできたのだ。この極東の美女が誰だか知らないまま、彼は連れにこう言った。「いつかこの天の賜物と結婚してやる！」連れが彼に言って聞かせる。「馬鹿なことを言うな、この人はものすごい大物の奥方なんだぞ！」馬鹿なことを言ったおかげで、女性や恋愛の話になると、彼は繰り返し友人たちからからかわれる羽目になった。「おまえにはまったくどうだっていいよな——なんたってミチコと結婚するんだから！」

そのすこしあとのこと。ミチコ・マインル゠タナカはベルリンで仕事があった。新しい映画の撮影である。ドイツの首都での彼女のもっとも親しい友人の一人に、作曲家の妻トーニ・マッケベンがいた。彼女の知り合いたちがパーティーを開いた。同じように招かれていたミチコは出席できない旨伝える。ホテルに留まって寝転がり、数日前から夢中になっている小説『風と共に去りぬ』を最後まで読んでしまいたいというのである。そこに電話がかかってきて、絶対来なくてはいけない、おもしろそうな若い俳優がどうしても彼女と知り合いになりたがっているから、という。ヴィクトル・ド・コーヴァである。電話の話では、彼はさっそく彼女を迎えに出かけるということだ。そんな名前に心当たりはなかったけれども、彼女は説得され、それからすこししてホテルのロビーで彼と相対したのであった。彼女の第一印象はつぎのとおりだった。「彼はまばゆいばかりだったわ。それにひっきりなしにしゃべっていたの。」

大恋愛のはじまりである。ミチコはこれまでしたことがないような振る舞いに出た。契約を破り、そのためにわざわざウィーンからやってきながら、その肝心の映画のプロジェクトから手を引き、そのために生じた高額の違約金の支払いをも甘受したのだった（おそらくまだ夫であったユーリウス・マインルがそれを負担しなければならなかった）。それにつづく出来事は、一方では大胆さ、他方では気高さが混じり合っていたという点で、例をみないものだろう。ヴィクトル・ド・コーヴァはウィーンに出向き、ユーリウス・マインルのところで彼の妻に求婚したのである。自分が真剣であることを強調するため彼は訪問につづいて、熟慮を尽くした書簡を送る。ミチコ自身はすでに前もって、自由の身にしてほしいとの願いをユーリウス・マインルに伝えていた。

世知に長けていると同時に寛容でもある老紳士――マインルはそのとき七一歳、彼にはあと四年しか残されていなかった――は、一九四〇年五月一五日、つぎのような返信を送って、「不実な」妻に彼の決断を告げる。

親愛なるミッチ!

きのうV・ド・コーヴァからの手紙を受けとった。そこから彼がきみとのことを本当に真剣に思っているし、しっかりと考えていることが見てとれて、私は喜ばしい気持ちになり、また安心もした。

それによってすくなくとも大きな心配は軽減された。というのも、私はつねにきみの将来のことを考えているからだ。とりわけ今のような時代には、きみには将来を保証してくれる者が必要だ。

といって私は物質的な将来のことをそれほど言っているわけではない。きみは日本人女性としてまったく異質な文化のなかへ、そして不幸なことに間違った集団、かならずしもわれわれの文化を代表しているとは見なせない、せいぜいのところヨーロッパ文化とつながりのある裕福な生活を代表している若い集団と見なしがたいもののなかへとやって来た。
私が喜んでいるとするなら、それはとりわけヨーロッパ文化の上質な部分との精神的な結びつきが得られる見込みがあるからだ。

それでは、きみのユーリより

⑰ミチコ・タナカとヴィクトル・ド・コーヴァ夫妻の墓（ベルリン，森の墓地）

離婚手続きがとられ、一九四〇年のもうその年のうちにヴィクトル・ド・コーヴァとミチコ・タナカ＝マインルは夫婦となった——ユーリウス・マインルを結婚立会人にして。寛大にも妻をゆずった男はわざわざ式に出席するためにベルリンへ出向いて行ったのだ。

●第三帝国のくびきのもとでの国際結婚

ただしその前になお、いくつかの障害をとり除かねばならなかった。厳格な人種法を持つ第三帝国は、このような結びつきを想定していなかったし、これから夫婦になろうという二人も、けっしてナチス党員ではなかった。三人の弁護士が介入したのち、総統官房自身の決定をもってとにもかくにもようやくこの著名な芸術家のカップルに与えられた許可には、条件が二つついていた。結婚は公表してはならないし、戸籍役場で写真を撮ってはいけないというものである。さらにつぎの点にも注意が促されていた。子どもができた場合、極東の女性であるド・コーヴァには、ナチスが子だくさんを顕彰する「母の十字架」は授与されないという点にも。しかしいずれにせよ子どもが生まれることはなかった。すでにユーリウス・マインルとの結婚がそうであったように、ヴィクトル・ド・コーヴァとのあいだにも跡継ぎはできないままであった。ただマインルとの結婚生活とはちがって、この方は長くつづいた――一九七三年四月八日にド・コーヴァが世を去るまでの三三年間にわたって。そしてウィーン子からベルリン子へ鞍替えしたミチコのほうはさらに一九八八年まで生き、ミュンヒェンの老人ホームで最期を迎えたのであった。*

＊ベルリンのオリンピックスタジアムの近く、ヘールシュトラーセの森の墓地に二人の墓があり、日本式の低い燈籠が置かれている（写真参照）。

仕事中の悪人

アントニオ・サリエリ

サリエリ（Antonio Salieri 1750-1825）はイタリア・レニャーゴ生まれの作曲家。ウィーン宮廷作曲家であったガスマンに音楽的才能を見込まれてその仕事を手伝い、やがてサリエリ自身が宮廷楽長となった。音楽教育者としても有能で、ベートーヴェン、シューベルト、リストら多くの後進が彼の下で学んだ。そしてモーツァルト毒殺のいわれなき俗説の主にもされてきた。

●宮廷作曲家の恩返しがもたらした幸運

フローリアン・レオポルト・ガスマンはボヘミアのブリュクスの出身である。七歳のとき彼は児童聖歌隊員としてコモタウのイエズス会神学校に入る。イタリアでしか音楽家になることができないとはっきり確信していたので、ある日彼はそこから出立し、何とかヴェネツィアにまでたどり着く。そして一七六六年の春のいま、彼は南方での遍歴時代を終え、ウィーンで押しも押されぬ音楽家となっている。一七六四年以来ウィーンの宮廷作曲家の地位についており、数年のうちには宮廷楽長に任命されることだろう。

しかし彼はヴェネツィアからすっかり手を引いたわけではなかった。繰り返しこのラグーンの街を訪れるために戻り、毎年当地のカーニヴァルのためにオペラを書いたのである。とりわけ彼は、他人の援助に完全に頼り切っていた文無しの若き学生時代に、ヴェネツィアから受けた恩を忘れなかった。通りで若い司祭に声をかけられた彼は、ボローニャ出身の音楽教師の世話になることになったのだ。その教師はこの才能豊かな若者に作曲の根本原理を教えたのである。そのうえ若きガスマンはあるヴェネツィア貴族の屋敷に、同等の権利を持った同居人として受け入れられ、まるまる一階を自由に使わせてもらったうえに、ふんだんに名誉をも与えられたのであった。

ガスマンは度重なる幸運で思い上がるようなタイプではなく、むしろ自分が受けた恩にお返しのできる日が来るのを待ったのであった。

その日がやってきた。三七歳になった彼は、ふたたびヴェネツィアに滞在し、サン・モイゼ劇場で最新のオペラの稽古をつけていた。知り合いの一人である声楽の教師パチーニが、かつての彼自身と非常によく似た境遇の十五歳の若者を彼に紹介した。アントニオ・サリエリである。ヴェネツィア共和国の村レニャーゴ出身の商人の息子である彼は、一年前から孤児であった。兄のフランチェスコがチェンバロで彼に最初の音楽の手ほどきをし、故郷の村のオルガニストのもとでヴァイオリンを習っていた。歌声も人に気に入られる良いものを持っていた。その彼がいま、作曲の奥義を授かりたいというのだ。

フローリアン・レオポルト・ガスマンはこの才能ある若者に聞き入り、その天分に魅せられて、ヴェネツィアでのオペラの稽古が終わりしだい、ウィーンに連れて行こうと心に決める。

将来の弟子の情熱的な勉学の意欲に魅せられたせいか、あるいはガスマン自身が若き日に生活の援助をしてもらったそのお返しを、この若者にしてやれるという喜びか、はたまたウィーンでの贅沢な所帯、いわゆる〔シュヴァルツェンベルク広場に面する〕ヴァッサークンスト稜堡《バスタイ》沿いの広大な住居だけでなく、衣装や洗濯や整髪や料理を賄う必要な使用人すべてもふくまれた贅沢な所帯を、志を同じくする者と分かち合いたいとの、二〇歳年上の独身男のたんなる願望のせいなのか――いずれにせよフローリアン・レオポルト・ガスマンはヴェネツィアの孤児アントニオ・サリエリの教師《メントール》役をきわめて真剣につとめたのであった。すなわち、彼には年収が二二〇〇グルデンあったために、二年と見積もられた弟子の教育に外国の教師も引き入れることができた。ヴァイオリンの授業、通奏低音の演奏、それに総譜を読むなどのために、ボヘミアの音楽家がやって来たし、ドイツ語、フランス語、ラテン語のために、それぞれ語学の教師が雇われた。ガスマン自身は対位法の教師の「分野」を自分用に残しておいた。ウィーン在住の皇帝の宮廷詩人ピエトロ・メタスタージオのもとで朗読の少数講義を受けることをサリエリは許された。一軒向こうに住んでいたクリストフ・ヴィリバルト・グルックは、彼が促進し（そしてイタリアの悲歌劇《オペラ・セリア》の人為性と図式性を克服する）改革オペラの自然性に対して、サリエリの目を開いてくれた。

●たゆまぬ努力により宮廷でのチャンスを活かす

というわけで、アントニオ・サリエリはウィーンで成功するための理想的な環境を見出したのであった。老齢になってもなお彼は、おのれが選んだ故郷に到着したあの幸運な一日のことを、感謝の念を込めて思い出すことになる。それは、一七六六年六月一五日、サリエリ十六歳の誕生日の二ヶ月前のことであった。

「首都に着いたその日、礼拝を捧げるために先生は私をイタリアの教会へ連れていった。帰る途中で彼は私にこう話した。『おまえの音楽教育を神とともに始めねばならないと思ったのだ。さて、いまやそれが成功するか失敗するかはおまえしだいだ。いずれにせよ、私は自分の義務は果たすつもりでいる。』」サリエリはつづける。「こういう人はめったにいない！　彼が私に好意を示してくれるであろうすべてのことに対して、私は永遠の感謝を約束したのだった。そして、神に讃えあれ、彼が生きているあいだは彼に、彼の死後は彼の家族に、その感謝の気持ちを誠実に示してきたことを、私は自賛できるのだ。」

皇帝ヨーゼフ二世の宮廷音楽団の一員であり、皇帝とともに毎日一時間演奏をするのが日課であったガスマンは、むろん自分の弟子を宮廷の面々にも引き合わせた。決まったプログラムのない夜会が開かれ、楽器をかえながら四重奏が演奏された。声楽のパートも、必要に応じてグループ分けされた。このようにして――自分もともに演奏しながら――新しいオペラを知ることを望んだ皇帝は、チェンバロかチェロを選び、歌にも加わったのだった。

サリエリの試演――デビューで彼はヨーハン・アードルフ・ハッセのオペラ『岐路に立つヘラクレス』のアルトをまかされた――に心を打たれた皇帝陛下は、これから弟子を宮廷での音楽の集いに毎回連れてくるよう、ガスマンに命じたのである。けちで有名な皇帝が新年に支払わせた五〇ドゥカーテン、サリエリが初めて自分で稼いだ金である――彼はそれをすぐさま師匠のガスマンに手渡した。

まもなく彼はほんの手始めの作曲の試みで、ちょっとした額も稼ぐようになる――たとえばオペラの手直しや、あるいはウィーンの教会のひとつでコーラス曲が必要になったとき、師匠ガスマンの手が空いていない場合には。正式に採用されたというわけではなく、ごく自然なかたちで、サリエリはオペラの独唱者にピアノ伴奏で稽古をつける役に入り込み、一七六九年には、そのあいだに十九歳になっていた彼は、最初のマイスター資格課題曲を提出するという大きなチャンスを得るまでになっていた。すなわち、オペラでのある新作の試みがさんざんな不評を買い、観客はほかの作品を要求した――すると若いサリエリが数週間前からそれを引き出しにしっかり用意していたのだ！

本来は師匠のフローリアン・レオポルト・ガスマンが、特定の機会に詩を作るあるイタリアの機会詩人がウィーンに持ってきた『女文士たち』の台本に曲をつけることになっていたが、ちょうどローマのための仕事を依頼されていて、時間がとれなかった。そこでこの音楽喜劇の台本が「助手」のところにやってきたのだった。こんな大きな課題をこなせると見なしてもらって大喜びした彼は部屋にこもり、のちに当時を振り返って報告しているように、「登場人物の性格と状況を生き生きとあらわす」ことに挑戦し、「ほおを紅潮させて」記譜にとりかかり、四週間のうちに作品の三分の二をすっかり作曲して、器楽編成をおこなったのであった。

サリエリは共演者とともにみずからその稽古をつけた――オペラの公演プログラムに自分の名が印刷されているのをはじめて目にする日がこようとは、彼はほとんど思ってもいなかった。そして二度目の上演の際には、お忍びで幕間の観衆に混じり、耳に入ってくるおしゃべりのなかからできるだけ多くの賞賛の声を聞き出そうとした。それは少なくないように思えた。『女文士たち』はプラハで引きつづき上演されることになる。弟子の処女作をローマからの帰郷後はじめて知った師匠のガスマンも、大いに満足した様子だった。

⑱サリエリ（ヨーゼフ・W. メーラー画，1825年以前）

いまやたてつづけに仕事が来て、ひとつの試みに別の試みがつづくことになった。最期を迎えたとき彼の手になるオペラは三九作をくだらなかった。サリエリはゴルドーニの喜劇『宿屋の女主人』に曲をつけて、しっかり者のフィレンツェのおかみミランドリーナをめぐるあの大はしゃぎの喜歌劇《オペラ・ブッファ》をつくることで、成功を収めるが、ちなみにそれは一五〇年後、ジングシュピールの『白馬亭にて』にも主題を提供することになる。

●モーツァルトとのかかわり

だがここで、サリエリの修業時代に戻ろう。もちろん私たちはのちに敵となるモーツァルトとの最初の出会いについて、どうしても知っておきたいのだ。一七六七年一二月のことである——サリエリ十七歳、モーツァルトは十二歳そこそこだ。帝立のブルク劇場でグルックのオペラ『アルチェステ』が初演された。サリエリは楽団員たちに混じってチェンバロを弾いていた。父レオポルトとともにウィーンに来て一年半になるモーツァルトは、上演を二度とも観た。「神童」自身がオペラを書くよう頼まれていたのである——それもちょっとした喜歌劇などではなく、「二時間半から三時間の長さのもの」を。というわけで、劇場の活動を近くから見ておくことが大切だったのだ。その際チェンバロののっぽでのろまな青年がとくに彼の目を引いただろうか。そんなことはほとんどなかったろう。

一方サリエリ。彼はもちろんこの天才少年について広まっているあらゆる声を耳にしていたし、彼の名人芸のピアノ演奏に驚嘆したということも大いにありうる——父のレオポルトが少年をあちこち連れ回して、演奏させていたのだから。それに十二歳の少年にオペラを作曲させるという、まるで高等詐欺のように思える計画のことも、彼は聞いていただろう。しかし本気にとるべきなのだろうか。厚顔無恥な商売上手の愚にもつかない駄法螺以上のものなのだろうか。

五年半後モーツァルト一家はふたたびウィーンにやって来る。一七七三年の夏、父レオポルトは息子に関して新たなことをもくろんでいた。十七歳になったばかりだというのに、宮廷でのポストを望んでいたのだ。ただ、すでに別の候補が一枚噛んでおり、この男のほうが手持ちの札が良かった。アントニオ・サリエリである。一七七四年一月二〇日、辻馬車の事故以来、見る影もなくやつれはててしまった師匠のフローリアン・レオポルト・ガスマンが、四五歳そこそこで世を去ると、サリエリが宮廷作曲家のポストを引き継いだ。一七八八年には宮廷楽長ならびにウィーン音楽芸術家協会会長に指名され、一八一三年にはウィーン音楽学校の設立に加わり、死の一年前——アントニオ・サリエリは精神を錯乱させて一八二五年五月七日、ということはモーツァルトの倍以上生きて世を去る——まで、宮廷合唱団の指導をつづけた。

●伝説によって悪人に仕立てられた宮廷楽長

生まれ故郷へは三度短い旅をしただけだった。イタリア人アントニオ・サリエリはウィーンの指導的人物になったのである。作曲家同様、教師としても評価されていた彼は、シューベルトにベートーヴェン、リストとマイアーベーア、チェルニー、フンメル、それどころかモーツァルトの次男フランツ・クサーヴァーさえ、弟子に持つことになる。「ハイデンシュース三六一番地」に彼の官舎はあった。宮廷からの給与も文句のつけようがなかった。そして巧みに立ち回って、聖シュテファン教会の楽長の職にあった後見人レオポルト・ホフマンの手から奪いとった、裕福な貴族官僚の娘テレージア・フォン・ヘルファーストーファーと結婚して、とても裕福になった。

サリエリは非常に信心深い男だった。ウィーンで受けた人生の幸運すべてに感謝を捧げるため、

⑲サリエリの名誉墓（ウィーン，中央墓地）

彼は結婚後合唱とオーケストラのための『ハレルヤ』を作曲した。ライバルのモーツァルトに対して彼がおこなったと陰口をたたかれている陰謀は、どれひとつ立証できない。モーツァルトは毒殺されたという不快な告発は、医学的に退けられた。しかしながら、よくあるように伝説のほうが強力なのだ。アントニオ・サリエリは、作曲家としても、音楽家としても、教育者としても、歴史に名を残さなかった。そうではなくて、彼は仕事中の悪人として登場するのだ。アレクサンドル・プーシキンの一八三二年にモスクワのボリショイ劇場で初演された戯曲『モーツァルトとサリエリ』、またニコライ・リムスキー＝コルサコフのそれにもとづくオペラ、さらにイギリスの戯曲家ピーター・シェーファーの作品を一九八四年にミロス・フォアマンが映画化した『アマデウス』も、その線に乗ったものである。

今日のウィーンでアントニオ・サリエリをしのばせてくれるものは、十八区にある彼の名がついた小路、中央墓地の名誉墓、それに、遺言によってあちこち回り道したあげく、ようやく国立図書館に行きついた手書きの遺稿である。

ハイドンの手からモーツァルトの精神を

●●ルートヴィヒ・ヴァン・ベートーヴェン

ベートーヴェン（Ludwig van Beethoven 1770-1827）はドイツのボンに生まれ、ハイドンの知遇を得てウィーンで活躍した大作曲家。当時の市民社会の成立を背景に、教会や宮廷に依存することなく音楽によって経済的自立を果たした先駆的な音楽家となった。既存の権威への反抗心はその音楽の革新性にもつながっている。

●借金に苦しむ音楽家が見出した天才少年

一七八三年三月二日、当時よく読まれていたハンブルクの専門誌『クラーマーの音楽雑誌』に、選帝侯国ケルンの首都であるボンの音楽生活についての報告が載る。書いたのはクリスティアン・ゴットロープ・ネーフェなる人物である。サムニッツの貧しい仕立屋の三一歳になる息子である彼は、もともと法律家だったが、そうこうするうちに身も心も音楽に捧げるようになっていた。「ソプラノの声が飛び抜けてよかった」ために当然のごとく合唱歌手になり、作曲術を苦労して独学し、ドレスデンとフランクフルトで劇団の楽長として最初の金を稼いだのであった。「古いバッハ」の伝統のなかで育った彼は、ピアノソナタやセレナーデやジングシュピールを書き、女性歌手と結婚した。

その彼がいま借金に苦しめられている。彼は、ボンで就いていた宮廷オルガン奏者と劇場のコレペティトールという実入りのいい二重のポストから、緊急に提示された財政立て直しを期待した。むろんそのためには繰り返しライン川沿いの小さな首都を離れ、ほかの所で追加の仕事を探さねばならなかった。というわけで彼はボンを留守にしているあいだの代理を必要としていた。そしてその代理は――蹴落とされる危険をともなった激しい競争をしているからには――慎重に選ばねばならなかった。未成年の初心者のほうが、彼ぐらいの年齢の野心家よりも危険が少なかった。ネーフェは、宮廷合唱歌手ヨーハン・ヴァン・ベートーヴェンの息子に決める。選帝侯の同意を得て彼は十一歳半の少年を自分の代理に指名。国を出ているとき、彼はその少年にボンの宮廷教会のオルガンを、安んじてまかせることができたのであった。

ネーフェは抜け目のない男である。弟子の並外れた才能をすぐさま見抜いた彼は、およそその教師として公衆の面前に姿をあらわすかぎりは、自分もそこから利益を得たのである。というわけで『クラーマーの音楽雑誌』に出た彼の報告の一節は、彼、すなわちネーフェの手で特別な才能に育つ見込みのあるこのルートヴィヒ・ヴァン・ベートーヴェンに捧げられている。彼はベートーヴェンについてこう記す。

「非常に完成されたかたちで力強くピアノを弾き、譜面が読める。一言でいうなら彼はたいてい、ネーフェ氏が与えたセバスティアン・バッハの『平均律クラヴィーア曲集』を弾いている。このプレリュードとフーガ集の全音程を知っている者は、それが何を意味するかわかるだろう。ネーフェ氏はまた仕事の手が空いているときには、通奏低音の手ほどきも彼にしてやったのだ。いまは作曲の稽古をつけてやっている。この若き天才は旅をする支援を受けるに値する。はじめたとおりに育っていくなら、彼はきっと第二のヴォルフガング・アマデウス・モーツァルトになることだろう。」

●モーツァルトとのすれ違い、失敗に終わった最初のウィーン滞在

つぎの年に老選帝侯が世を去り、ハプスブルク家の大公でマリア・テレージアの末っ子マクシミリアン・フランツがそのあとを継ぐ。というわけでケルンでは、自身教育を受けた音楽家であるばかりでなく、モーツァルトときわめて親密な関係を保っている男が、権力の座についたのであった。彼は、そのあいだに十三歳になっていたルートヴィヒ・ヴァン・ベートーヴェンを宮廷の第二オルガン奏者に指名し、さらに何よりも特筆すべきことにこの若い才能を――その三年後に――ウィーンのモーツァルトのところへ送り出したのである。

十七歳そこそこの少年と十四歳年上の男との出会いの時期は、これ以上ないほど間の悪いものであった。『フィガロ』初演で成功を収めて、ちょうどプラハから戻ってきたばかりのモーツァルトは、新しいオペラの仕事を抱えてロレンツォ・ダ・ポンテの『ドン・ジョヴァンニ』のテクストを研究しており、そんなわけで彼に強く推薦されたラインラント出の若者に会う時間がとれなかったのであ

る。

田舎のオルガン奏者ルートヴィヒ・ヴァン・ベートーヴェンが一七八七年の春、人口二〇万を擁する首都ウィーンですごした二週間は、彼にとって失望以外の何ものでもなかった。モーツァルトとは二言三言しか言葉を交わすことができなかったし、持たせてもらったわずかばかりの路銀もまもなく底をついた。それに加えて、失敗者としてボンの同僚の前に姿をあらわさねばならないという、不面目に対する不安も忍び寄ってきた。そこへ、母親が死の床についている、ルートヴィヒはできるだけ速やかにボンへの帰路につくようにという、父親からの急報がやってきたが、それはほとんど救いに等しいものであった。

●ハイドンの取り計らいで再び念願のウィーンへ

ウィーンへのアプローチは二度目の試みでやっとうまくいく――五年半後のことである。一枚噛んでいたのはモーツァルトではなく（彼は一七九一年一二月五日に亡くなっている）、ハイドンであった。一七九二年六月、ハイドンのロンドンからの帰路に、選帝侯のオーケストラが当時ボン郊外の行楽地であったゴーデスベルクで、このエステルハージ侯爵家の楽長に敬意を表して朝食会を催した。その機会に、ベートーヴェンがかつて書いたカンタータの総譜が、このオーストリアからの客にそっと手渡されたのであった。

三九歳近くも年下の若者の処女作に感銘を受けたハイドンは、ウィーンで彼に教育をほどこす用意のあることを告げる。しかし言うは易しであった。旅費と、遠く離れて高くつくウィーンでの滞在費をどこから捻出するというのか。そこで登場したのが、ケルンの宮廷で働くドイツ騎士団団員にして、最初期のベートーヴェンの後援者であるフェルディナント・ヴァルトシュタイン伯爵であった。彼は、この若いボンの音楽家を給料を払いながら一年間勤務から解放して、そのうえさらに五〇〇グルデンの旅行用奨学金を奮発するよう、選帝侯マクシミリアンを説得することができた。ヴァルトシュタイン自身も、ウィーンで面倒を見てくれるはずの、親切で音楽を愛する友人や親戚の住所を、自分の被保護者に教えてやり、故郷への手紙で、まもなくドイツから到着する大ピアニストの宣伝を熱心におこない、彼のために記念帳にこう書き込んだのだった。

「ベートーヴェン君！　きみはいま、かくも長きにわたって認められなかった望みが叶って、ウィーンへ行くんだね。モーツァルトの守護霊がまだ喪に服し、彼の死を悼んでいる。汲めども尽きぬハイドンのところにそれは避難所を見出したが、しかしそこは活動の場ではない。ハイドンをとおして、それはもう一度誰かとひとつになりたいと思っている。不断の努力によってきみは、ハイドンの手からモーツァルトの精神を受けとるのだ。」

⑳ベートーヴェン（フランツ・クラインによるブロンズ胸像，1812年）

その数日後ベートーヴェンはボンをあとにし、

一一月半ば、二二歳そこそこの青年を乗せた馬車はウィーンに入る。今回チャンスをつかもうとする決意は、揺るぎないものだった。ひと月後に父親が亡くなったとき、彼はけっして埋葬のために帰郷することはなかった。つねづね自分たちの心配事でベートーヴェンを煩わせていたカールとニコラウスという二人の兄弟は、今回は自分たちだけで何とか片づけねばならなかった。何といっても彼はウィーン到着直後に日記にこう記しているのだから。

「勇気だ！　体がどんなに弱っていても、精神が支配しなければならない。もうすぐ二三歳、今年こそ完全な男であることを、はっきりさせねばならない。何もやり残すことは許されないのだ。」

選帝侯マクシミリアンが宮廷オルガン奏者に与えた有給休暇の一年がすぎたとき、ハイドンは弟子の進歩についてケルンに報告する義務があると思った。

「専門家もそうでない人も、時とともにベートーヴェンがヨーロッパ最大の作曲家の一人という地位を代表する人物になるということを、公平に認めざるをえないでしょう。私は、自分が彼の師であると名乗れることを誇りに思うでしょう。」

マクシミリアンはベートーヴェンにウィーンでもう一年学ぶことを許可する。今回彼の教師となったのは、ヨーハン・バプティスト・シェンク、ヨーハン・アルブレヒツベルガー、エマヌエル・アロイス・フェルスター、それにアントニオ・サリエリの面々であった。ウィーンの貴族たちに賞賛されると同時に支援されもして、彼はしだいにフリーのピアノの大家ならびに作曲家へと成長していったが、その歩みは非常に首尾一貫したものだったので、元の故郷へ帰るということはもはや問題にはならなかった。ウィーンは彼にとって生活の中心となったし、いつまでもそうでありつづけるだろう。

●ボンが生み育て、ウィーンがもてなした楽聖

後年「ベートーヴェンとウィーン」というテーマに関して意見を述べることになる多くの者のなかで、評論家のルートヴィヒ・シュパイデルは、ベートーヴェン同様、外から来てウィーンを新たな故郷と思い定めただけあって、自分の考えをもっとも優美にまとめあげている。

「たしかにベートーヴェンを生み育てたのはボンである。だがこの天才をもてなしたのはウィーンなのだ。彼は三〇年以上われわれのもとで暮らし、われわれの故郷の地で、彼のもっとも偉大でもっとも豊かな作品が生まれ育ったのである。理想に満たされた若い作曲家をこの地に導いてきたのは、偶然でも気まぐれでもない。当時ウィーンではすばらしい歌がうたわれ、すばらしい音が鳴り響いていた。新たな音楽の春が始まっていたのだ。栄光に満ちたバーベンベルク家のもとで当地にもたらされた歌曲の春と対をなす春が。」

彼はさらにつづける。

「帝都の持つあたたかい官能性が彼の度を超した努力を力強く支え、ウィーンの森の緑をなしてつらなる丘が、自然を求めてやまない彼の感覚につねに新鮮な養分を与えたのである。音楽が謎めいた本質のものであるだけに、われわれには知るべくもないが、しかし、ウィーンとその夏の保養

㉑ベートーヴェンの墓（左）とシューベルトの墓（右）（ウィーン，シューベルト公園。ここは元ヴェーリング地区墓地であった。）

地の多くのものがベートーヴェンの作品のなかに鳴り響いているか、予感することはできる。というのも、音楽というものはとりわけ心の動きを音であらわすものだから、それは、外界の聴覚への直接間接の反映をも糧としているからである。

ベートーヴェンの創造力が完全な発酵状態にある様を想像しようとするなら、小柄でエレガントに乱れた服装のこの男が街の通りを突進しているところや、あるいは野外で――彼自身の表現にしたがえば――「散歩仕事」をしているところを、われわれは思い浮かべねばならない。ハイリゲンシュタットで彼は田園交響曲を見出し、メードリングの背後の湿地で荘厳ミサ曲の着想を集めたのである。彼の作品にはウィーンとウィーンの森がつねにあずかって力を与えていた。大きな仕事を終えると、柄付きめがねを目の前に持ち、ほほえんで満足のあまり妙な声を発しながら、彼がショーウィンドーの前に立っているところや、この街特有の優美さをそなえて通りすぎてゆくウィーンの子どもを満足気に見送っているところを、目にすることができただろう。なめらかで優美な動きのウィーン女性も、たしかにベートーヴェンの作品のなかには息づいているのだ。

そう、ウィーンの街路にはベートーヴェンの記憶が刻まれているし、ウィーンでは彼が立ち寄った居酒屋やカフェはいまだに表示されている。そしてそこでは、彼がいかに風変わりな客であったかが語り継がれているのだ。彼が重要人物であるという印象をいだかなかった者は誰一人いなかった。そして彼の努力や仕事を評価する力がない者たちも、彼のうちに働いているデーモンに神聖な畏敬の念を示した。創造的な天才がそれとわかる姿をなしてウィーン子の前に立ちあらわれたことは、それまで一度もなかったのである。」

陽気な街

ヨハネス・ブラームス

ブラームス（Johannes Brahms 1833-97）はハンブルク生まれの作曲家。合唱指揮者としてウィーンでの音楽活動をはじめ、やがて作曲に専念し名声を得る。敬愛するベートーヴェンをはじめとするウィーンに刻まれた先覚者たちの作品に敬意を払い、やや異質なハンガリー音楽にも接する中から、自らの音楽を紡ぎ出した。

●ハンブルクでの夢かなわず、ウィーンからの誘いに飛びつく

ハンブルク、一八六二年晩夏。交響楽団の主席指揮者のポストを新たに塡《う》めねばならない。もっとも有望な応募者の一人が、ヨハネス・ブラームスであった。父親はきわめてつましい境遇の生まれで、郊外の居酒屋でダンスの伴奏をしなければならず、市民軍のホルン奏者から苦労して市立劇場のコントラバス奏者にまでのぼりつめた人間だったから、その息子である二九歳の青年にとって故郷の街の音楽活動の頂点への招聘が叶えば、それは自分のあらゆる芸術家としての望みの実現だけでなく、父ブラームスには生涯拒まれたままであった、社会的認知という出来事でもあっただろ

う。

いわゆる「ゲンゲ地区」という貧民街に生まれたヨハネス・ブラームスは、いまや郊外のハムにあるわが家に住み、出世するために考えられるかぎりのあらゆる活動を展開していた。自らが一流のピアニストであった彼は、ピアノのレッスンを授け、コーラスのリハーサルを指揮、自らコンサートを開いて歌曲や室内楽を作曲した。目下のところは、「ヘンデルの主題による変奏曲」作品二四に取り組んでいるところである。ほかの教養上の隙間も埋められた。ブラームスはラテン語の授業を受け、体操の練習にさえも手を出したのだ。

楽団の長を決める決定的な会議の前に彼の後援者たちは、投票がうまくいったあとそれだけいっそう華々しく彼を故郷の街に「連れ戻す」ことができるよう、ハンブルクからできるだけ離れているようにと、彼に助言した。かつての師エードゥアルト・マルクスゼン、親交のあったシューマン未亡人のクララ、それに宮廷歌手のルイーゼ・ドゥンストマンが「待機所」としてウィーンへ赴くようブラームスを促した。それに加えて、その当時彼はすでにとても懐具合がよかったので、一八六二年九月八日、彼はオーストリアの首都に向けて旅立った。

レオポルトシュタット地区のノヴァーラ小路《ガッセ》に宿をとり、誇らしげにハンブルクにこう報告している。「私はここでプラーターからすぐ近くのところに住んで、ベートーヴェンが飲んでいた店でワインを飲むことができます。」紹介の労をとってもらっていたピアニスト、ユーリウス・エプシュタインの家では、ヘルメスベルガー四重奏団がブラームスの弦楽四重奏曲ト短調を演奏し、その年

㉒ブラームス

の一一月のうちに、「楽友協会」所有の楽友会館で、もっぱらブラームスの作品のみがプログラムに載ったコンサートが、それにつづいた。彼自身がピアノを弾いた。「どの曲も喝采の嵐でした」と、彼は両親に書き送る。「ホールは熱狂にあふれていたように思います。私は家で友人たちと一緒にいるような感じで、自由に演奏しました。そして聴衆によって、むろん私たちのところとはまったくちがうかたちでの、刺激を受けるのです。」

それだけいっそう、逆方向からやってきた知らせには、失望させられることになる。ブラームスはハンブルクの指揮者選考に落ちたのだ。彼が手に入れようと努めたポストは、歌手のユーリウス・シュトックハウゼンのところにいってしまった。ただただ両親の家への郷愁から、それでも彼はハンブルクへの帰途につく。そして翌年——いまや三〇歳になっていた彼はそのあいだに郊外のブランケネーゼに居を定め、カンタータ『リナルド』作品五〇を書いていた——空席になったウィーン・ジングアカデミーの合唱指揮者のポストにつく気があるかどうかという問い合わせが、ウィーンからやって来たとき、ためらうことなくそれに飛びつく。「ウィーンからやって来るものは、音楽家の耳にふたたびかくも美しく響き、ウィーンへと誘うものは、ふたたびかくも強く魅惑する。」

●人脈をつくり街歩きのイメージをととのえてウィーンへ移住

彼は熱心に新たな職にとりかかる。それでも彼がつぎの年にはその職を辞してしまうのには、さまざまな理由があった。ウィーン子はブラームスの度を越したバッハ擁護を非難したのである。彼のほうもまた目眩くような指揮をとるタイプではおよそなかった――さりげなく片手をポケットに入れて歌手の前に歩み出る、そんなことがどうして彼にできるだろうか。しかしとりわけ大きかったのは、たえざるコーラスのリハーサルによって、彼自身の芸術的自由があまりに制限される点であった。

というわけで、最終的にウィーンに移住するまでにはまだ五年かかった。しかしその五年間のあいだに彼は、将来の選ばれた故郷にすでに根を下ろしはじめていたのである。ブラームスはウィーンでつぎつぎに友情を結び、この街とその周辺を愛することを学び、「すばらしい飲食店」を称賛し、居酒屋から居酒屋へと渡り歩く辻音楽師や、プラーターで演奏するハンガリーの女性楽団に耳を傾け、そして、繰り返し仕事でウィーンを離れるときも、友人への手紙で断言しているように、「何度も頭のなかではウィーンにいた」のだった。すぐに移住することを迫る楽譜商にして出版業者のヨーハン・ペーター・ゴットハルトに、彼は一八六八年二月にこう書き送る。「すぐにウィーンに来るようにですって？　そうしたい気持ちはやまやまですが、そうはいかないのです。」

それから数ヶ月後には用意はととのった。「私はここに住む決意を固めねばなりません」、こう言ってヨハネス・ブラームスは父親に別れを告げる。「住みたいと思うところでついに家賃を払うことに決めたのです。それにハンブルクで何をすることがあるでしょう。あなた以外に、まだ誰に会いたいと思うでしょうか？　私がそこにはどんなかかわり合いも持っていないことは、あなた自身よくご存じです。要するに、どこかでいくぶんくつろいだ気分でいなければならないということが、やっとわかったのです。というわけで、来年の秋にはウィーンで少しくつろぐつもりです。」

●面倒見の良い下宿の女主人に持ち物をくすねられる

ウィーン川に架かるウンガー橋《ブリュッケ》の袂にある「金蜘蛛亭」に、彼は一八七一年まで投宿し、それにつぐ住所に生涯住むことになる。すなわち、カールス小路《ガッセ》に。カールス教会のすぐとなりにあり、四階の、三つの部屋と次の間が一つある住まいだった。この家具付きの住居は、スイスのジャーナリストの未亡人ツェレスティーネ・トゥルクサ夫人の持ち家であった。寝室は中庭に面しており、ピアノ・サロンと書斎は通りの側にあった。

家主というよりはむしろ主婦であったトゥルクサ夫人は、とりわけ彼の洗濯物の面倒を見てくれた。衣類が少し傷んだり、リボンやボタンがとれると、ブラームスはそれを一番上の引き出しに入れ、開けたままにしておく。無言で繕いがおこなわれた。これまた無言でつぎのようなこともおこなわれた。ブラームスがいつものように、着古した上着かズボンの一着を手放すのをまたしてもいやがると、トゥルクサ夫人はひそかにそれを仕立屋に直させるか、あるいは自分で仕立屋を家に呼んだのである。間借り人氏がたとえどんなにはげしく寸法合わせや試着に抵抗しても。むろんそんなことをしても、たいした意味はなかった――ズボンをいつもウエストよりもずっと上に引っ張り上げてはき、その結果くるぶしのところが短すぎるようになってしまう、そういう悪癖にふける依頼人のところでは、仕立屋はズボンの先をほとんどのばすことなく、紙切りばさみであっさり切ってしまうのだった。「上の部分」に関しても無頓着ゆえに、ブラームスの外見は逸脱したものとなった。お定まりの堅いカラーで自分を苦しめるかわりに、彼は顔一面の髭の下に、襟のない狩猟用のシャツをつけていたのである。そしてある日のこと、彼にオーストリアの上級勲章が授けられると、すぐさまつぎのような戯れ歌がウィーンの音楽家のあいだに広まったのである。

やっこさんもいまや首に何かをまとうようになった。
でも残念なことに相変わらずそいつはカラーじゃない。

この同じ男が住まいの手入れをしてくれるメイドの働きを、つぎのような不審の念を持って見ていたというのは、それだけいっそう驚くべきことである。メイドのきれい好きをテストするため、彼はたばこの吸い殻とマッチを家具の下に投げ入れたのだ。彼女の誠実さを彼は、床にお金を置いたままにして試したのである。シャンパン、ラインワイン、リキュールの蓄えはものすごく几帳面に記録したのだった。何かがなくなると、疑惑はメイドに向けられた――家主の死後その住まいを整理した際に、不正に作られた合い鍵の束がごっそり出てくるのだから、まったくもって不当な仕打ちだった。ブラームスの持ち物をくすねていたのは家主の女性というわけだった。

●自らが選んだ故郷での実り豊かな暮らし

「陽気な街、美しい環境、思いやりのある、生き生きとした人々」——ブラームスは自分が選んだ故郷ウィーンでの生活を居心地よく感じていたし、ウィーンから出て演奏会を開くときは、「ウィーンから来たヨハネス・ブラームス氏」とプログラムに記してもらうようつねに気を配ったのであった。もっとも、多くの熱狂者たちが彼を「新たなベートーヴェン」と讃えることは彼には不気味だったし、「ブラームスの第一交響曲はベートーヴェンの一〇番だ」といったスローガンは、六三歳年上のベートーヴェンに対する冒瀆と感じたのだった。

ウィーンでブラームスのまわりに集《つど》っていた多くの友人のなかには、批評家のエードゥアルト・ハンスリック、マックス・カルベック、作曲家のイグナーツ・ブリュルがいたし、音楽家になりそこねた外科医のテーオドーア・ビルロートもいた。アルザー通りにあったビルロートの家で開かれるコンサートで、ほとんどすべての室内楽の作品が初演されたのであった。そしてヨーハン・シュトラウス、彼にはブラームスは『美しき青きドナウ』の最初の数小節をアルバムに記入し、「残念ながら私の曲ではない」と書き添えることで敬意を表したのだった。

彼がすごす一日は——一八七二年に就任した楽友協会の音楽監督のポストも、作曲に専念するために三年後にはふたたび手放している——ほとんど変わったところのないものだった。すなわち、朝六時ごろに起床、自分でコーヒーを用意した。立ったまま高机で作品の譜面を書き下ろすのだが、その作品はふつうは散歩をしながら頭のなかで作曲し、すっかり頭のなかで出来上がっていたものだった。書き上がった手書き楽譜は「業務用文書」と表記して、清書にまわすために郵送されるのだった。そして、紛失を恐れて貴重な郵便はすくなくとも「書留」で出すよう何度も注意する友人たちには、こう言って安心させるのだった。「何を言っているんだい、こういったものはなくなりはしないんだよ。」

でも不幸にしてそんなことになったら？

「もう一度書くさ。全部ちゃんと頭に入っているんだから。」

他人の手稿は、彼はもっと注意深く扱った。モーツァルト、ハイドン、ベートーヴェンの手になるオリジナル原稿を入手して蒐集するのは、ウィーンで彼が大きな情熱を傾けたことの一つだった。「総じて私はここでもっとも素晴らしいときを過ごしています」、と彼は出版人のリーター＝ビーダーマンに書き送る、「それは、全部を原稿のかたちで自宅に持っているシューベルトの、まだ印刷されていない作品のおかげです。最近さらに、印刷されていないものがまるまるひと山、信じられないほどの安価で売りに出ました。」

彼はこのたぐいまれな宝物を――数多くの自分自身の総譜（たとえば『ドイツ・レクイエム』）とあわせて――楽友協会に遺贈し、協会は感謝を込めてそれらを金庫に保管することになるが、そのおかげで彼は没後三〇年に、楽友会館に彼の名にちなんだコンサートホールがつくられることで、不朽の名を残すという栄誉を得たのであった。

そのほかのどんな機会にも、彼は選ばれた故郷ウィーンに対して気前よくふるまった。しかも目立たずに。死の一年前に、匿名でいたいと望む慈善家の依頼によって、彼が楽友協会に届けた六〇〇〇グルデンの寄附は、彼自身の懐から出たものであったし、このことに関する憶測が新聞で大きく報じられたときには、彼は協会の管理部に公式に否定することさえ要求している。

●かけがえのない楽都での最期の日々

一八九六年五月二〇日、クララ・シューマンが世を去り、ブラームスは彼女の埋葬に参列するため旅立つ。「美しく愛らしいオーストリア」に戻ってきたとき、彼自身余命いくばくもない身であった。「黄疸」というのが最初の診断で、次の診断では肝臓癌だった。残された一〇ヶ月間、彼を衰弱させたのは膵頭部の癌であったことが、今日ではわかっている。ウィーンの医者たちのあいだでは、しばらくのあいだそれは彼の名をつけて呼ばれさえするのである。ブラームス病《モルブス・ブラームス》と。医者に指示されたカールスバートでの療養も、何の効果ももたらさなかった。患者は遺言を起草したが、しかし清書をつくることは拒否した——そうすることで自らおのれの死の病を「認めて」しまうことになりかねないという迷信的な恐れからである。その結果、ブラームスの遺産をめぐって何年ものあいだ裁判がおこなわれることになる。

すでに死期が迫るなか、ブラームスは最後にもう一度だけ、交響曲のコンサートに出向く。ハンス・リヒターが第四交響曲を指揮した。ウィーンの聴衆の反応は熱狂的なものだった。通例に反して、一楽章が終わるごとに万雷の拍手がわき起こった。そして指揮者が、蒼白の作曲家が自分の音楽に耳を傾けている桟敷席を指し示すと、人々は椅子の上によじ登り、ハンカチと帽子で合図を送ったのであった。彼が桟敷席の手すりにきて、深く心を動かされてお辞儀をしたとき、その姿を最後にもう一度目にとめておくために。

一八九七年四月二日から三日にかけての夜、六四歳の誕生日の一ヶ月前、ヨハネス・ブラームスはカールス小路《ガッセ》の住まいで息を引きとる。ツェレスティーネ・トゥルクサに看取られて。六日に遺骸は天蓋の掛けられた住居から中央墓地に移送された。何千人もの熱狂的な音楽愛好者が棺につきそい、ウィーン市は名誉墓地を提供した。

㉓ブラームスの墓（ウィーン，中央墓地）

「ウィーンはあまりにも重要な地で、とうていハンブルクと取り替えることはできない」、三五歳のブラームスがオーストリアへの最終的な移住の是非を慎重に検討していたとき、父親はこう説いて、息子の一切の懸念を放棄させたのだった。「一緒におれないことがわしにとってどれほどつらいことであっても——たぶんこういうことになるのだろうといつも考えていたのだ。」

英雄広場

アントーン・ドーミニク・フェルンコルン

フェルンコルン（Anton Dominik Ritter von Fernkorn 1813-78）はドイツ・テューリンゲンの州都エアフルト生まれの彫刻家。若くして腕の良い鋳造マイスターとしてミュンヒェンで名を挙げ、二〇代後半にはウィーンに移り、そこで帝室から彫刻の注文を受けるようになった。代表作に英雄広場に置かれたオイゲン公騎馬像とカール大公騎馬像がある。

●賛否両論を巻き起こしたオイゲン公騎馬像

ウィーン英雄広場にあるプリンツ・オイゲン公のブロンズの軍馬が、二本の後ろ脚だけではなくて、——あらゆる論理に反して——毛むくじゃらのしっぽにも支えられているということは、今日ではもはや人を興奮させることはない。記念碑、それも英雄を扱ったようなものに、われわれは心を動かされはしない。たしかに市内観光では、建造当時三一万九五三グルデンというとてつもない額を食いつくした重さ四四・八トンの巨像は、相変わらず正真正銘の名所ではある。しかしほかの者にとっては、「オーストリアの敵に打ち勝った誉れ高き勝利者」にして「三人の皇帝の賢明な助言者」（像の碑文がいうところでは）は、鳥や鳩に占有されている。そして、騎士の立像が乗る大理石の台座は足場や書き割りになってくれるので、写真好きの旅行者にとっても格好のわが場所なのだ。

当時、つまり騎士アントーン・ドーミニク・フォン・フェルンコルンの代表作がお披露目された一八六五年では、事情は異なっていた。ある人にとってはこの世でもっとも美しい記念碑

㉔フェルンコルン（ヨーゼフ・クリーフーバーによる石版画，1858年）

であるものが、ほかの者、永遠の不平屋たちにはどうしようもなくスキャンダラスなものであった。とてつもない重量の一部を土台に立てたしっぽで支えるなどということを、いったいどうして一人の芸術家が思いつくことができたのだろうか。これはいったいどういうことなのだろうか。許しがたい失敗なのか？　あるいは見えすいた力学上のトリックなのか？

フェルンコルンは、おのれの傑作をディレッタンティズムと欺瞞からなる駄作だと言って貶めようとする激しい攻撃に対して、もはや身を守ることができなかった。一八五九年以降卒中の後遺症に苦しんでいた彼は、一八六二年、まだ五〇歳になるかならないかのうちに精神に錯乱をきたし、精神科医の治療を受ける身となって、生涯の最後の十年を精神病院で送ることになる。彼の理性を奪ったのは、敵の仮借のない批判だったのだろうか。選ばれた故郷ウィーンへの道を歩むかわりに、エアフルトにとどまっていたほうがよかったのだろうか。

●ミュンヒェンで彫塑・鋳造の腕を磨きウィーンへ

ハインリヒ・フェルンコルンはテューリンゲンの首都の病院長で、一八一三年三月一七日、妻のマルタは息子を産む。アントーン・ドーミニクは金属加工職人へと育てられ、金属のとり扱いを学び、鋳造技術の肝所《かんどころ》をわがものとする。プロイセン第三砲兵旅団に勤務した兵役時代には、砲手にまで進む。だがその間に二二歳になっていた彼はさらなる高みを志し、芸術的な野心を抱いていた。そして、ヨーハン・バプティスト・シュティーグルマイアーがドイツ一の立派な鋳造所を営んでいたミュンヒェンが、出世のための最良の地となる。師匠は、後年のライフワークの方向をすでに示しているような仕事を、彼にゆだねた。すなわち、シュティーグルマイアーの手ほどきを受けながら若いフェルンコルンは、当時ヨーロッパでナンバーワンの彫刻家であったデンマーク人のベルテル・トアヴァルセンが、ロシア皇帝のためにデザインしたシラーの胸像を、鋳造したのである。

シュティーグルマイアーは弟子に対して、彫塑、鋳造、彫金、彫り、それに金メッキの技術だけではなく、塑像のわざにおいても、「ブロンズ像の分野では有能なマイスターとして、どこにでも推薦できるほどの技術」を磨いたと、文書で保証したのだった。ミュンヒェン造形芸術アカデミーでフェルンコルンが一年間師事したルートヴィヒ・シュヴァンターラーも、ギリシア・ローマの「古典ならびに自然のモデルにもしたがって」仕事のできる、この二〇代半ばの男性の修行の成果に魅せられたのであった。

こんなふうに最高の証明書をもらった二七歳の彼は一八四〇年、ミュンヒェンからウィーンに移る。そこには同じように金属の分野で仕事をしている兄が暮らしていた——弟を呼び寄せたのは兄である。ウィーンで最初の鉄道馬車が走り、ガス灯が出現し、アーダルベルト・シュティフターが『ウィーンとウィーン子』をあらわし、ヨーゼフ・ランナーが宮中舞踏会で指揮を執り、ファニー・エルスラーが勝利につぐ勝利を収めている、そんな時代だった。*ゾフィーエンバートと聖ヨーゼフ小児病院がすこし前から開業しており、第三区にあった聖マルクス・ビール醸造所と第八区の**「灰色の家《ダス・グラウエ・ハウス》」も同様だった。

ブロンズ鋳造技術においてウィーンは後れをとっていた。唯一のそこそこ大きな工場はブランスコ（モラヴィア）にあるザルム侯のもので、もっとも腕利きの専門家たちはアントニオ・カノヴァとともにローマに移ってしまっていた。そんなわけでフェルンコルンが木彫にも熟達していたというのは、まったくもって幸運だった。イングランド王のために彼は、オーストリア皇帝が贈り物として贈ろうと思っていた豪華な本棚の制作を許されたのである。

本来の仕事、ブロンズ像制作とのつながりを、この若い新市民は有名なウィーンの鋳造師ヨーハン・プレロイトナーのところで見出す。マリアヒルフにあるそのアトリエで彼はグルック、ベートーヴェン、ハイドン、モーツァルトといった有名人の像をつくることができたのである。

「祖国なき職人」とならないために、フェルンコルンは一八四八年の革命を避けて、鋳型制作者としてレオーバースドルフにあるドプルホフの焼き物工場に身を隠す。ウィーンに戻ると彼は、最初の比較的大きな作品を引き渡す。十四の部分からなる十字架の道をあらわした一連のレリーフである。それは彼の死後もなお、ずいぶん多くの教会や修道院のために再鋳造されることになる。

●宮廷の依頼により愛国的な記念像を次々に制作

一八〇九年五月、オーストリア人がカール大公のもと、ナポレオンをウィーン近郊で退却させることに成功したアスペルンの戦いは、さまざまな点でアントーン・ドーミニク・フェルンコルンの運命となる。アスペルンの勝利に大いに功績のあるオーストリア＝ハンガリー帝国の将校の娘エリーザベト・ヴァルムート・フォン・シャハトフェルトと彼は一八五三年一一月九日、カールス教会で結婚。アルブレヒト大公は、アスペルンの戦没者の追悼に捧げられる「アスペルンの獅子」の制作をフェルンコルンに依頼、そのために彼はオープンしたばかりのシェーンブルンの小動物園で生態を研究した。そして三年にわたる制作期間を経て、一八五九年英雄広場でお披露目されることになるアスペルンの勝者カール大公の騎馬像が、まさしく彼のライフワークの頂点をなすものとなる。

これらすべてが可能だったのは、ヴィーデンにあった古い帝立大砲鋳造所が五〇年代半ばに移転

*ゾフィーエンバートは、夏は水浴場、冬はダンスホールとして使われた大規模な娯楽施設。一八四八〜九八年にかけて、第三区のマルクサー小路にあった。

**ダス・グラウエ・ハウスは、州裁判所ならびに隣接する刑務所の建物にウィーン市民がつけたあだ名。文字通りには「灰色の家」という意味で、囚人たちが灰色の服を着ていたことにちなむ。

し、フェルンコルンが職人たちとともに、皇帝の御手許金をたっぷり与えられて、今日のグスハウス通りにあった最高の設備をそなえるホールに入居できたからであった。ここで、ドイツ人アントーン・ドーミニク・フェルンコルンが選ばれた故郷オーストリアに捧げたかのすべての愛国的な記念碑が順に生まれた。すなわち、英雄広場のシルエットを特徴づける二つの大きな騎馬像、カールス広場のレッセル記念碑、ヌスドルフのベートーヴェン・ブロンズ像、皇帝フランツ・ヨーゼフ、陸軍元帥ラデツキー、フリードリヒ・ヘッベルらの胸像、ドナウの妖精噴水像、その他多くの作品が。

カール大公の記念碑を立案するようにとの宮廷の依頼をどのようにして得たのかというのは、それ自体ひとつの物語である。そのような計画があることを耳にしていたフェルンコルンは、ミニチュア版をつくる——最初は大きな箱形時計の上に置くただの飾りとして。皇帝の副官であるケラー・フォン・ケレンシュタインがその小さな像をたまたま目にし、陛下に知らせ、陛下はすぐさまその作品を持って来るよう命じる。感銘を受けた皇帝はフェルンコルンを引見。「これの大きいのもつくれるかね。」答えるかわりに、マイスターはあえて自作の「聖ゲオルク」のことを示唆した。モンテヌーヴォー宮の中庭のために完成したばかりの噴水群像だ。その場で馬上高く竜を退治するゲオルクを見たフランツ・ヨーゼフ一世は、プロジェクトにふさわしい男を見出したと確信する。フェルンコルンは仕事に着手する。巨像が乗る大理石の台座は、建築家のエードゥアルト・ファン・デァ・ニュルが寄進する。

たえず皇帝は進捗具合の報告を受けた。それと並んで皇帝は自分の御手許金から、シュパイアー大聖堂用の六体の等身大以上の皇帝立像を、フェルンコルンに依頼する。一八六〇年五月二二日には、英雄広場のカール大公騎馬立像の除幕式がおこなわれる。それは国家行事であると同時に民衆の祭りでもあった。おまけに貴族に列せられる。フランツ・ヨーゼフ一世はフェルンコルンを騎士の身分に取り立てたのである。

●精神の幽明をさまよう中で

それに鼓舞されて、彼はすぐさま第二の英雄広場プロジェクトにも着手する。プリンツ・オイゲンである。馬を研究するため彼は宮中乗馬学校へ足を運ぶ。だがどうにか原型をつくったところで倒れてしまう。鋳造の仕事は助手たちに任せねばならなくなった。目下製作中の作品もアトリエ（それはのちに歴史画家ハンス・マカルトの手に渡ることになる）の評判も危険にさらすことのないよう、芸術家の細君も、弟子たちも、それに職人たちもあらゆる手をつくして、フェ

㉕プリンツ・オイゲン公のブロンズ像（ウィーン，英雄広場）

ルンコルンの本当の容態を隠そうとした。彼は一八六五年一〇月一八日の記念碑の除幕式には何とか参列できたものの、もうその二日後にはふたたびグラーツ近郊の聖ラーデグントの隠遁所に戻った。デーブリングにある私立精神病院の院長マクシミリアーン・ライデスドルフ教授は、バイエルン王ルートヴィヒ二世の精神状態を鑑定したことでも有名な人物であったが、その彼が不治の病人の面倒を見ることになる。病人が残りの人生——それはいずれにせよなお十年もつづく！——を送るために、ラザレット小路《ガッセ》にある州立精神病院に受け入れてもらうまでのあいだ。

まれにおとずれる意識のはっきりした瞬間に彼がしたためた手紙は胸を打つものがある、ただいくぶん神経の太い者にとっては。死の間際までフェルンコルンは仕事を切望し、新たな大作を「計画」した。ウィーン中央墓地にある、弟子ヨーゼフ・バイアーの手になる墓石——フェルンコルンの「隣人」は咽頭外科医レオポルト・シュレッターと医師にして哲学者のエルンスト・フォン・フォイヒタースレーベンである——は、右手に取瓶《とりべ》を持ち、代表作にとり囲まれたこの芸術家の姿をあらわしている。彼に多くの不快事をもたらしたプリンツ・オイゲンの軍馬のしっぽは、よくよく見なければ見とどけられない。まるでどんな古傷もあばかないことが肝要であるかのように。

「ここに、ドイツの石工が神のみもとに眠る……」

フリードリヒ・フォン・シュミット

シュミット（Friedrich von Schmidt 1833-97）は南ドイツ・ヴュルテンベルクの牧師の家に生まれた建築家。石工マイスターとしてケルンなどで教会建築の仕事に従事したのちカトリックに改宗、環状通り《リングシュトラーセ》の建設を中心にウィーンの都市改造が進むなかで、市庁舎をはじめ、教会、学校、帝立住宅など、ネオゴシック様式の建築を多く手がけた。

●プロイセンとの緊張関係がもたらしたチャンス

一八五三年。皇帝フランツ・ヨーゼフ一世は五年間帝位にあった。翌年の春、二四歳の誕生日を迎える四ヶ月前に、皇帝とシィシィはウィーンのアウグスティーナ教会で結婚式をあげることになる。若き君主の書き物机のうえに積み重ねられた彼の署名を必要とする多くの書類のなかに、ケルンの中心から二〇キロたらず離れたベンスベルク城の森に建てる戦没兵士記念碑の申請書もあった。ここ、ライン右岸近くの「帝室墓地」に、ジェマプとアルデンホーフェンの戦いで負傷し、その結果発疹チフスで命を落としたオーストリア兵たちが埋葬されているのだ。一七九四年の戦争を記念する場所であることを示すのは、簡単な一本の木の十字架にすぎない。そこで敗北六〇周年を記念して、その場所にようやくそれにふさわしい外観を与えようというのである。ケルンの聖堂建築士エルンスト・フリードリヒ・ツヴィルナーが、一七九四年の前線での犠牲者の思い出を長期にわたって生き生きと保つような、石の記念碑をデザインするよう依頼された。ところがツヴィルナーはプロイセン国家に仕える身だった。オーストリアとプロイセンのあいだの緊張を考慮して、彼はウィーンからの依頼を引き受けられない旨を表明、自分のかわりに、何年か前にケルン大聖堂の建設現場でともに働き、すばらしい成果をあげた年下の同僚を推薦した。フリードリヒ・シュミットである。

●ゴシック様式の復活を夢見た腕利きの石工

ヴュルテンベルク在住のルター派牧師一家の八人兄弟の六番目として、一八二五年に産声をあげたシュミットは、何よりもゴシック様式の復活に魅せられていた情熱的な石工だった。まだショルンドルフのラテン語学校の生徒だったころから彼は、エスリングの聖母マリア教会での度を超した建築の研究にかこつけて、そのほかの授業科目をおろそかにしていたがゆえに、きびしい叱責をこうむったのだった。十八歳でシュトゥットガルトの工業専門学校を出ると、大聖堂の建設現場で働くために、四〇〇キロ離れたケルン目指して徒歩で出立した。エルンスト・フリードリヒ・ツヴィルナーは彼の師匠の一人である。ケルンでシュミットは職人となり、親方《マイスター》となった。この地で彼は二四歳のときに大聖堂で働く一彫刻家の妹と結婚し、その二年後にはこの地で一本立ちになった。

祭壇、教会堂、修復の注文が、ラインラント地方でたっぷり舞い込んできたので、この若い石工の親方は一時的には十五人もの職人を雇うことができた。皇帝が署名したウィーンからの依頼はいうまでもなく特別心をそそるものだった。フリードリヒ・シュミットは仕事に着手、一八五四年六月一三日、最高位の帝室高官たちの面前で、「オーストリア兵士の墓」の完成を祝うことができたのであった。一世紀半後の今日もなおそれは、ベンスベルク城（ここはそのあいだにノルトライン＝ヴェストファーレンの産業都市ベルギッシュ＝グラトバッハのエリアに属している）近郊の、林間の空き地にあるおなじみの場所に立っている。

●宮廷の覚えめでたく顕彰される

㉖シュミットの記念碑（ウィーン，市庁舎裏）

ウィーンの依頼主たちはこの仕事に大満足し、宮廷では大いに奮発してこの若い芸術家にフランツ・ヨーゼフ勲章の騎士十字功労賞を授与した。もらったほうは大喜びである。「ぼくはもう表章を手にしているんだ」と、兄弟の一人に誇らしげに報告している。「それは赤い琺瑯《ほうろう》引きの十字架で、帝国の鷲の上に乗っていて、〃力を合わせて〟という標語が書かれた深紅のリボンがついてるんだ。これ以上美しい勲章がこの世に存在するとは思えない。これがぼくにとってどれほどの意味があるか、きみに言う必要はないだろう。」

十九世紀後半におけるもっとも野心的なドイツ人建築家の一人が歩む輝かしい経歴は、オーストリアの「繕う」（称号と勲章のこの国では、このような顕彰を軽蔑的にこう呼ぶのがつねである）をもって始まるのである。フランツ・ヨーゼフ勲章騎士十字功労賞が二九歳のケルンの石工の親方《マイスター》、フリードリヒ・シュミットに授与されたことは、選ばれた故郷ウィーンへと向かう彼の第一歩となった。あるいは別の言い方をするなら、この勤勉なドイツ人職人が、彼に皇帝陛下の寵愛をもたらすことになるオーストリア老兵のための記念碑建設を委託されなかったなら、ウィーンには今日あるような市庁舎はなかっただろう。市庁舎にかぎったことではない。それは、この新たに移ってきた新参者がつくり出したあらゆるものにあてはまる。アカデーミッシェス人文高校《ギムナジウム》、集合住宅のジューンハウス、カイザー通り《シュトラーセ》のラザリスト会教会、勝利の聖母マリア教区教会、そのほか多くの建物も彼の手になるのである。フリードリヒ・フォン・シュミットが一八九一年六五歳で世を去ったとき、いまやオーストリア国民であり、男爵にして、大学教授、聖堂建築士、オーストリア＝ハンガリー帝国上級建築監督官、名誉市民、それに貴族院議員フリードリヒ・フォン・シュミットに施された葬儀がすべてを物語っている。ジューンハウスのチャペルで聖別、聖シュテファン大聖堂への葬列、市庁舎やオーストリア・エンジニア・建築士協会本部や芸術アカデミーならびに芸術家協会での献花、モーツァルトのレクイエムによる追悼ミサ、中央墓地の名誉苑への埋葬、市庁舎広場の記念碑——これ以上に豪華な葬儀は画家ハンス・マカルトのそれだけである。

●ミラノ経由でウィーンへ

フリードリヒ・シュミットのウィーンへのアプローチは一歩一歩なされた。むろんそれには強力な後援者たちも必ずやいたのである。パトロンに名を連ねるのは、マクシミリアン大公ならびに文部大臣のレーオ・トゥーン＝ホーエンシュタイン伯爵である。ケルンの聖職者にして美術評論家のフランツ・ボック博士はシュミットの礼拝堂に対するなみはずれた才能を称賛し、のちオーストリア・ラザリスト会領の視察官になるヴィルヘルム・ミュンガースドルフは、枢機卿であり大司教のヨーゼフ・オトマール・フォン・ラウシャーの好意がこのドイツからやってきた次代の才能の主に向くよう、大いに尽力したのだった。まだケルンにいるときからシュミットは、一八五三年二月に起きたフランツ・ヨーゼフ皇帝暗殺の失敗に感謝して建立されることになったウィーンの奉納《ヴォティーフ》教会《キルヒエ》のコンペに参加した。

歴史主義《ヒストリスムス》の時代である。ウィーンは街を大きく拡張しようとしていた。この寄附によってまかなわれる建設も——まったくもってはじまりつつある泡沫会社乱立時代の精神にのっとって——「ゴシック様式」が保たれるべきだとされた。コンペに勝利したのはハインリヒ・フェルステルであった。フリードリヒ・シュミットが提出したモデルは三位だった。三〇歳になるかならないかの若者にとっては、依然としてきわめて名誉ある結果である。「まったくもって輝かしい」と彼は一八五五年六月一二日、兄弟のハインリヒに宛てて書き送る、「六五のプランのなかからベストスリーに評価されたのだ。」

かくして隣国からやってきた若い成功者の名は、いまや専門家連中に知られるようになる——そしてウィーンの古い伝統にしたがうなら、それは彼に対する抵抗も生じるということを意味する。芸術アカデミーの空席であった教授職は、いきなりというわけではなくて、当時同じように若い血を必要としていたミラノという回り道をしてから、ようやく、彼に与えられたのである。シュミットはミラノのアカデミーでの二年間を抜け目なく利用する術を心得ていた。ヴェネツィアとロンバルディアでの修復の仕事で名をなし、そのうえさらにカトリックに改宗したのである（これはのちにウィーンで大いに役に立つことになる）。一八五九年の墺仏戦争ならびにチューリヒ和約によってロンバルディアがイタリアのものになったとき、ようやく首都ウィーンへの道が拓け、フランツ・ヨーゼフ皇帝はシュミットをウィーン芸術アカデミー中世芸術部門の教授に任命する通達に署名する。さらにその年のうちに彼は聖シュテファン大聖堂の「鑑定」委員にも任命され、オーストリア＝ハンガリー君主国の全土で文化財保護のあらゆる分野における引く手あまたの権威となる。ウィーンにおける最初の礼拝堂建設、いわゆるショッテンフェルトのラザリスト会教会の設計図を彼はまだミラノにいるうちに描いていたのだが、それがいま実行に移される。

●批判を乗り越えウィーンに適応

もちろんシュミットが描き出す机上のゴシック様式やそこにあらわされる復古的傾向は誰からも好まれるというものではない。というわけで彼がウィーンで最初に手がけた世俗の建築物、ベートーヴェン広場のアカデーミッシェス人文高校《ギムナジウム》に際して、はやくもごうごうたる非難が巻き起こったのである。

㉗アカデーミッシェス人文高校のファサード（中央入口右側に設計者シュミットの名が刻まれている）

「この建物の敷居をまたいだ者は、自分が古典的な教育施設というよりもむしろ、われわれの学生たちがクセノフォンの回想録やタキトゥスの年代記を読むかわりに、ロザリオの祈りを唱え聖務日課の祈りをあげることを学ぶ、そんなカプチン派修道院の食堂や観想的な僧房に身を置いたように思ってしまう。この目をむくような建物の玄関ホールに入っただけでもう、人々は不安げに聖水盤はどこかとあたりを見回すのだ。」

しかし聖職者もまたこの新参者の「いかにもドイツ国民的な」様式に腹を立てたところ、それについて彼は当意即妙につぎのような苦情を述べたのである。「当地で私は枢機卿猊下以外には聖職者の大部分のなかに一人の強力な後援者も持たず、教会芸術に関する私の厳しい見解ゆえに生まれるはげしい敵ばかりがいるにすぎないのです。いまや私の戦術は、私が目指す方向とウィーンの低俗な旧弊とのあいだにある根本的な相違をできるだけ目立たぬようにすることです。」

シュミットはうまく適応した――そしてそれは、個人的な生活習慣にまでおよんだ。彼の標準ドイツ語はウィーン風の色彩をおびたのだ。入念に髭を剃ったあご――オーストリアの役人は当時まだ顔一面に髭を生やすことを禁じられていた――は、彼の顔に厳格さと厳しさを与えていたが、それは多くの同時代人たちをひるませたのである。彼の弟子の数は少ないままだった。だがフリードリヒ・シュミットのまわりに集う数少ない者たちは、とりわけ一緒に研究旅行に行く際に発揮される彼の気さくさをたたえたのである。教授殿は自分の懐から金銭的援助をすることで、あまり金のない学生たちも参加できるようにしてやったとか、一緒の鉄道の旅では彼らと同じ等級の車両（ちなみにそれは三等である）を使ったとか、彼らと（「わらベッド」の）宿をともにしたとか、彼らと同じ食事をとったというのである。

自分の家でも彼は弟子たちにとって気前のいい主人だった。ともにワインを味わうというのが彼にとっては何にもまさることであり、即興でおこなう乾杯の辞では、彼の右に出る者はいなかった。父親のようにシュミットは弟子たちの出世に心を砕いた。「弟子の結婚の際にも、彼が立会人にならなかったのは、ほんの少数にすぎないだろう。」建築現場では太っ腹に酒手をばらまき、工房ではのちに「大部屋式の事務室」と呼ばれるようになるものをつくったパイオニアだった。

シュミットのよく知られた社交好きは、ライバルを前にしてもやむことはなかった。一八八一年、彼がドルンバッハ地区〔現ウィーン市十七区に属する〕のハルターバッハ小路（今日のアンダー小路）において古いワイン製造業者の家を手に入れ、それを住居に改築したとき、正面玄関の上につくった櫓に彼は画家のハンス・マカルトやオペラ歌手のヨゼフィーネ・ガルマイアーだけではなくて、建築家の同僚ハンス・フェルステルやテーオフィール・ハンセンも迎え入れたのである。

●名石工が遺した建築遺産と精神遺産

フリードリヒ・シュミットは一八六八年、つまり書類上も新たな故郷オーストリアの市民になって四年後に、かつての閲兵式場の跡地にウィーン市庁舎新築の最初のプラン作成とともに、その後十五年にわたって彼の力を奪うことになるライフワークの最高傑作に着手したとき、彼は自分に向けられるどんな顕彰に対しても目を閉ざすことがないほどに、根っからのウィーン子になっていた。市会議員への招聘も、のちには貴族院への選出にも応じたし、男爵への昇格ならびに名誉市民の授与にも同意したし、お上に忠誠を誓うということが重要な課題となった際も、シュミットは行動力をもってそれに参画している。一八七九年春、皇帝夫妻の銀婚式のために、オーストリア・エンジニア・建築家協会の会員である彼は祝賀行列のため協会の幟を寄附しただけでなく、オーストリアの最高峰大《グロース》グロックナー山上に建てるアルペンクラブ依頼の山頂十字架のデザインも引き受けたのである。高さ三メートル、数百キロの重さを有するその十字架は、「皇帝の十字架」として今日なお、「感謝の念に満ちたオーストリアの諸民族によって祝われた家族の祝祭」を想起させるよすがとなっている。

　市庁舎が完成する前に、フリードリヒ・シュミットはさらなる大きなプロジェクトに着手する。一八八一年一二月八日、リング劇場が焼け落ちる。フランツ・ヨーゼフ皇帝は災厄の発生した場所に、数百人の犠牲者を出した事故に思いをはせて、自らの御手許金でジューンハウスを建てさせた。それはかなりの数の住居（その家賃は慈善の目的に使われることになっていた）とならんで、礼拝堂もそなえていて、毎年そこであの恐怖の日を追悼することになる。ショッテンリングにある「帝立住宅」の第二アパートメントにはフリードリヒ・シュミット自身が入った。そこが彼の隠居所となる。隣人の一人がウィーン総合病院の神経病理学の講師ジークムント・フロイト博士だった。彼は第十二アパートメントに住んでいた。フロイトと違ってシュミットは軽減された家賃しか払っていなかった。そのかわりに彼は建物の状態を監視する義務を負っていた。

　この二人は互いに知り合いだったのだろうか。いずれにせよフリードリヒ・フォン・シュミットは、別のところで医者の世話にならねばならなかった。一八九一年一月二五日、六五歳の彼がジューンハウス内の住まいで息を引きとったとき、その死因は尿毒症だったのである。

　シュミットは弟子のヴィクトール・ルンツが手がけた自分の墓に、当時のウィーンでは彼のような功労者に「相応しい」高くそびえる記念碑のかわりに、彼がケルン大聖堂建築士として活動していたときから親しんできた、ドイツの盛期のゴシック様式に倣った平たいプレートを希望した。秀でた職人の誇りと結びついた彼のこの出自を指し示しているのが、彼が死の一年前にその据え付けを遺言で定めていた碑文である。「ここに、ドイツの石工が神のみもとに眠る。」

フリードリヒ・フォン・シュミットの遺志はそれ以外にも評判を呼んだ。かなりの遺産の二人の子どもへの分配についてはごく簡潔に述べられ、一八八三年以来離婚していた妻との関係については寡黙なままだっただけに、彼はおのれの精神的な遺産についてそれだけいっそう感動的な言葉で表現している。

「現金や金目の物をめぐって争ってはならない。そんなはかないものは意味がないからだ。人間にとって重要なのは芸術に対する感覚と美を把握することだけだ。」

そしてそう、「いとしき子どもたち」はそれにしたがった。芸術的な天分を引き継いだ息子ハインリヒは父を手本にして建築家になり、ドルンバッハの別荘とジューンハウスの住居を遺贈された娘のフリーダは彫刻家のオットー・ヤルルと結婚し、アウガルテン陶器製造所のための優美な動物の彫像で名をなすことになる娘の母となるのである。

存命中にできた記念碑

●●テーオフィール・ハンセン

ハンセン（Theophil Edvard Hansen 1813-91）はデンマーク生まれの建築家。ベルリンでシンケルの薫陶を受けたのち、西洋建築の源流を求めてアテネに赴いた。そこで評価されてウィーンでの仕事をつかみ、国会議事堂をはじめ楽友協会、博物館、宮殿・邸宅など、ギリシア古典主義を基調とした数多くの建築・デザインを手がけた。

●建築の巨人に吹きつける順風と逆風

今日のウィーンにはオットー・ヴァーグナー広場《プラッツ》がある。ルーカス・フォン・ヒルデブラント小路《ガッセ》、ホルツマイスター小路、それにゼンパー通り《シュトラーセ》も。テーオフィール・ハンセンだけは一つでは足りない。彼の名を冠した通りは二本あるのだ。一本は第一区に、二本目は第二三区に。この建築家が建てたものの全体を見れば、驚くにはあたらないだろう。この人物は本当にすべてを建てたのだろうか。楽友協会に芸術アカデミー、証券取引所、武器博物館にハインリヒ宮を。それにもちろん彼の代表作、国会議事堂を。それに加えていくつもの教会や宮殿、住居や記念碑を。たった一人で、どうしてこれだけのことをなしおおせたのか。美術工芸品さえも彼のおかげをこうむっている。ロープマイアーのためにはガラスの、ケッヒェルトのためにはアクセサリーの、一八七三年の万国博覧会のためには記念メダルのデザインをしたのだ。

マルチ人間であり巨人である。

これほどの人物にとっては故郷デンマークにいることが、息苦しく感じられるようになったのは明らかだ。

しかし、彼が選ばれた故郷ウィーンで敵をつくったこともまた明らかだ。この外国人がほとんどいずれの大きな契約において自分たちを差しおいて選ばれるということを、古くからウィーンに住みついている大学教授や上級建築監督官の誰もはいったいどう理解すべきだったのだろうか。おまけに二人の大公も彼の顧客だったのだ！

ところが、彼に向けてたくらまれた陰謀のどれひとつとして、テーオフィール・ハンセンの名声をおとしめることはできなかった。彼はウィーンへ来る以前に八年間働いていたアテネにおいて、一八四三年に施行された「愛国的な」法が自国民にしか公的な活動を認めなかったため、そこを引き払わねばならなかったのに対し、ウィーンで彼は死後はじめてではなくて、まだ生きているうちに自身の記念碑ができるまでに出世したのである。七〇歳の誕生日を記念して造形芸術アカデ

㉘ハンセン（G. フランクによる銅版画，1880年頃）

ミーの大講堂で、テーオフィール・ハンセンに捧げられた銘板の除幕式がおこなわれた。自分自身の博物館建設に関しても、彼はおのれの死まで待つ気はなかった。国会議事堂内のかつての彼の仕事部屋が、そのために用意され、テーオフィール・ハンセン自身も大いにそれに手を貸したのである。際限なきうぬぼれか、はたまた感動的な無邪気か。同時代人の評価は両極端のあいだで揺れ動いた。

●たたき上げの建築家、ギリシアで修業しウィーンへ

何人かの兄弟とともに——父親なしで大きくなった天才たちの文化史については、さらに紙幅を費やさねばならない。テーオフィール・エドヴァルド・ハンセンはその典型的な例の一つである。はやくにやもめとなった母親はわずかばかりの年金で、七人の子どもを苦労して育てねばならなかった。テーオフィールは上から三番目の子だった。ノルウェーからデンマークへ移住してきた父親は、火災保険会社の使い走りにまでしかならなかった。

テーオフィールは駆け出しからのたたき上げで、おのれの職を身につけた。故郷コペンハーゲンで左官の見習い修業をおさめ、十八歳で単科大学《アカデミー》に入る。メダル制作学校、建築学校——まだ大学で建築を学んでいるあいだに、彼は最初の賞金を得る。彼が描く議事堂、教会、病院、劇場の設計図は、将来の才能をすでに明瞭に予感させるものであった。製図の教師として彼は初めての金を稼ぐ。

奨学金のおかげで、二五歳の彼はかなり長いあいだベルリンに滞在することが可能となる。その機会を彼はとりわけ、偉大な擬古典主義の建築家カール・フリードリヒ・シンケルの建造物を研究することに利用する。新衛兵所《ノイエ・ヴァッヘ》、シャウシュピールハウス、旧博物館《アルテス・ムゼーウム》、ヴェルダー教会を。三〇歳以上年上のシンケルは彼のお手本となった。だがテーオフィール・ハンセンはそれを越えようとする。彼はその源へと引き寄せられ、ギリシアへ赴く。彼は八年間アテネにとどまって、古代の建築術に没頭、あらためて製図教師として働き、はじめての契約を受ける。フォン・ジーナ男爵のために建てた天文台によって、彼はギリシア救済者勲章の騎士十字功労章を受章する。さらにアテネでの一連の大きなプロジェクトがつづき、彼はそれらを後年、すでにウィーンに入ってから実行に移すことになる。

新たな職業法によってギリシアが外国人にとり、居心地の悪いものとなると、そのあいだに三三歳になっていた彼は別の活動場所を探さねばならなくなった。故郷へ帰ろうか。デンマーク王はこの「卓越した芸術家」に旅費を用立ててくれるし、コペンハーゲンの芸術アカデミーの教師として喜んで迎えてもくれるだろう。だがもうひとつ別の申し出があり、そちらのほうがテーオフィール・ハンセンにとってははるかに魅力的だった。数年来アテネのオーストリア大使であったプロケシュ・フォン・オステン伯爵がこの「きわめて誠実かつ信頼できる若者」を、ウィーンの指導的建築家の一人であり同時に『一般建築新聞』の編集者でもあったクリスティアン・ルートヴィヒ・フェルスターに紹介してくれたのである。プロケシュ＝オステンは推薦状にこう記したのだった。「彼以上に繊細で腕のいい建築家がウィーンにいるかどうか、私は疑問に思います。」

フェルスターとハンセンはすぐに合意に達した。一八四六年三月一五日、十六歳年下のハンセンはアテネをあとにし、十一日後、トリエステを経てウィーンに入る。

●ウィーンの街にマッチする古典主義建築

二人の建築家はきわめて幸運なかたちで互いに補い合った。ロマン主義的歴史主義という共通の理想に、ハンセンがビザンツ的でオリエント風の要素をつけ加えたのである。グンペンドルフの福音教会が二人の共同作業の最初の成果であり、兵器庫《アルゼナール》の軍事歴史博物館が最高傑作となる。個人的にもデンマーク人とドイツ人（フェルスターはバイロイト地方の出である）は親しくなった。ハンセンはレオポルトシュタットの大《グローセ》シュタットグート小路《ガッセ》にあるフェルスター家に止宿していた。彼が一八五一年四月二二日教会で結婚式をあげたとき、花嫁に選ばれたのは共同経営者の娘ゾフィー・フェルスターであった。花婿が新所帯のための家具を自分でデザインしようと思っていたところ、まったく別の仕事のために時間どおりにそれを仕上げることができなかったために、結婚式は延ばされた。ハネムーンにはヴェネツィアとトリエステへ出かけた。だが新婚生活の幸せは悲しいほどの短期間で幕を下ろす。わずか四ヶ月――ゾフィー・ハンセンは早産で命を落とすのである。聖マルコ墓地にある墓石は、あとに残された夫自身の手になるものである。ハンセンの妹マリーがコペンハーゲンからウィーンに移ってきて、その後兄のために家政を引き受けることとなる（彼は再婚しなかったので、彼の死後、彼女が包括相続人となる）。

家庭状況が新しくなったせいか、あるいは若いハンセンのほうが仕事のうえでますます解放されたいと思うようになったせいか、フェルスターとハンセンは別れて暮らすようになる。そして武器博物館建設の際に騒ぎが持ちあがる。ハンセンが軍人との格別良好な関係にものをいわせて、パートナーを閉め出してしまう。論理的帰結として、共同のアトリエは解体され、彼らは以後別の道を歩むことになる。親友の一人に宛てた手紙のなかでハンセンは、避けようのなかった決別についてこう語っている。

「妻の死後、ぼくはもうあの自分勝手な男とはうまくやって行けなかった。フェルスターと一緒に会社に残っていたなら、ぼくにとってひどいことになっていただろう。どれがぼくの仕事で、どれが彼の仕事か、わからなかったのだから。それに加えて彼は神経に障る性格の持ち主で、もしかするとぼくがいまなし遂げたようには、自分の計画を落ち着いて実行に移すことができなかったかもしれないのだ。」

彼があえて触れなかったのは、彼自身の気むずかしい気性である。小さくてずんぐりした体つきのハンセンは、ぶっきらぼうなたちで、多くはあけすけに人を傷つけるような話し方をし、いかなる反論も許さず、とりわけ芸術上の考えを押し通そうとする際には、頑として動かないかたくなさを示すのである。

他方では、これほどの際立った自意識を持った者のみが、かくも驚嘆すべき量の、そしてかくも

㉙国会議事堂（ハンセンの代表作のひとつ）

時代を超えた有効性を有する作品群を造り上げることができるのだ。テーオフィール・ハンセンが後世のウィーンに遺したような作品群を。「彼の手になる」国会議事堂、証券取引所、アカデミー、ドイツ・マイスター宮、エプシュタイン宮、楽友協会、ハインリヒ宮（これは一八六三年の落成式の際に「世界でもっとも美しい住居」とたたえられ、一九四五年に爆弾で破壊される）、これら「彼の手になる」建造物がなかったなら、環状道路《リングシュトラーセ》はいったいどうなっていることだろう。ちなみに、一八八三年に完成した国会議事堂において最高の完成度に達する壮大な擬古典主義へと向かうテーオフィール・ハンセンの傾向は、意味論者たちによって好んで「すごい《クラス》」〔ドイツ語で klass〈すごい〉と Klassik〈古典主義〉との連想から〕という通俗的ウィーン方言に結び合わされたのであった。それどころか彼らはこの小さな男の言葉のなかにも、十九世紀後半にウィーン旧市街のさまざまな場所に決定的な特徴を与えた、あの古代風の建築様式に対するウィーンの強い親近性が反映されているというのである。

●新たなミケランジェロ

テーオフィール・ハンセンは故郷デンマークと以後も関係を保ったが、生活の中心はウィーンとなった。一八六六年にはオーストリア国籍を取得、一八七〇年には市民権が与えられ、一八八三年には名誉市民となった。同僚フリードリヒ・フォン・シュミットの提案で彼は五五歳で大学教授に任命され、同時に上級建築監督官の称号ならびに地位を手に入れる。場違いの遠慮などみじんも見せずに、彼自身が求めた男爵への昇格は、七〇歳の誕生日まで待たねばならなかった。にぎにぎしく彼は弟子たち――その数は最終的に四〇〇人に達する――に祝われたのであった。

　定年退職後もハンセンは休むことはなかった。一日八時間の仕事、これは七五歳の彼にとってまだ当たり前のことであった。そのほとんどが――そのなかには王妃エリーザベトのためのギリシアのコルフでの別荘設計があった――もはや実現の見込みがなくても、である。

㉚ハンセンの墓（ウィーン，中央墓地）

　アマーリエン通り（今日彼にちなんで名づけられた第一区のハンセン通り）の、彼自身によって建てられた家で、テーオフィール・ハンセンは最後の十四年間をすごし、一八九一年二月一七日に息を引きとる。七七歳であった。告別式は彼自身によって案出されていたのかもしれない。葬列は国会議事堂を一周して、ハインリヒ宮と楽友協会の前を通りすぎ、中央墓地へと出ていったのである。

彼の死後二年たって、彼を「新たなミケランジェロ」とたたえる弟子たちが記念論集『テーオフィール・ハンセンとその仕事』を出版する。弟子たちはもはやそれを彼自身には手渡すことはできない。というわけで、彼らは別の方法を考え出した。アントーン・シュロル出版社から届いたばかりの豪華版の第一冊を、墓のなかに入れて彼に手向けたのであった。

三グルデンの椅子

ミヒァエル・トーネット

トーネット（Michael Thonet 1833-97）はドイツ西部・ボッパルトに生まれた家具職人。合板に蒸気を当てて自在な曲線フォルムをもつ家具を製作する独自の技法を開発した。メッテルニヒの助力を得てウィーンに進出、そこで軽くてエレガントな製品が大ヒットし、トーネットは「ウィーンの曲線美」と称される曲木家具の世界的なブランドとなった。

●パイオニア精神あふれる曲木家具職人

「ボッパルトにおられたなら、ずっと貧しいままでしょう。ウィーンへお行きなさい！」こう語ったのは権勢ならぶ者のない宰相メッテルニヒであった。この言葉を彼は、一八四一年のコーブレンツでの産業博覧会で、特別な新製品、曲木細工の家具を展示した四五歳の家具職人に語ったのである。この家具職人ミヒァエル・トーネットとかなり親しかった同国人のメッテルニヒは、ちょうど故郷を訪れていたところであり、曲木細工の考案者を先祖代々の屋敷に招待したのだ。ここ、ヨハニスベルクで、彼はメッテルニヒに彼の技術の秘密を打ち明けるよう頼まれたのだった。

トーネット家の人々はライン・プロイセン人である。アンダーナハ出の父親はボッパルトで皮の鞣し業を営んでおり、息子は家具製造を身につけていた。ミヒァエルが自分と同等の者たちを超えてより高みにつきたいと思っていることは、すでに若いうちから見てとることができた。すなわち、広くライン川とモーゼル川の一帯に、彼の作ったものの評判が広まっていたのである。椅子、ベッドの架台、それにソファがお得意の製品だ。

トーネット親方《マイスター》は実験好きで、これまで以上にエレガントで、軽くて、柔軟で、長持ちのするフォルムを夢見ていた。椅子とベッドの個々の部品を、木のかたまりから切り出すかわりに、化粧板を曲げてつくったらどうだろう。一八三〇年、彼はまず手はじめに椅子の背もたれでやってみる。ベッドの頭と足の部分がそれにつづき、そのあと、木をまず膠に入れて「柔らかく蒸す」と、化粧板だけではなくて、どんな木も不思議なほど曲げることができる、つまり、自分が望むほとんどどんな形にもすることができるという、とりわけ天才的な発見がつづいた。

鉄鋼建築物ではフランス人ギュスターヴ・エッフェル、蒸気機関の開発ではイギリス人ジョージ・スティーブンソンとするなら、木に関してはドイツ人ミヒァエル・トーネットがナンバーワンのパイオニアである。

●今をときめく宰相メッテルニヒにとりたてられて

だが発明をするということは、満足だけではなく心配ももたらす。それでどうやって儲ければいいのだろうか、猿まねをどうやって防げばいいのだろうか。

ミヒァエル・トーネットは自分が編み出した製法について、外国でも特許をとる十分な財力を持ってはいなかった。そこで彼は出資者をつのることになるのだが、それが不幸のはじまりとなる。というのも、トーネットのアイディアによってフランスやイギリスやベルギーで一儲けしようと思っているお歴々にとって、ことは十分迅速には運ばなかったからである。

そんなおりに、トーネット親方はウィーンでおのれの運を試したまえ、まさにそれにふさわしいときに、というメッテルニヒ侯爵の提案が持ち上がったのである。宰相は自分の同国人を宮廷に推薦する心づもりでいたし、オーストリアへの旅の手はずも整えてやった。トーネットはフランクフルトからウィーンまで、内閣の外交文書を運ぶ馬車に同乗することを許されたのである。

一八四二年五月七日にミヒァエル・トーネットは目的地に到着、その一週間後、彼はボッパルトの妻に宛ててこう書き送っている。

「どれほど侯爵がぼくの面倒を見てくださったか、ここで手短にあげておこう。ぼくは七日の晩にウィーンに着いた。つぎの日、荷物が侯爵の宮殿に運び込まれ、そこにぼくは家具を荷解きして修理するための、大きくてすてきな部屋を用意してもらったのだが、その家具を侯爵はそのあとすぐにご自分の部屋へ運ぶようお命じになった。侯爵はことのほかお喜びになって、ぼくといく人かの宮内官のいる前で、ほとんど誰にも口を挟ませないほど感激して、ぼくたちの家具についてお話になったのだ。侯爵は椅子に座って体を前後に揺り動かし、ヨハニスベルクでぼくから受けとった小ぶりのステッキを手にとり、それが細身なのに丈夫なことをお褒めになった。侯爵は、まるで（自分が）ぼくたちのところで働いておられたかのように、加工のことをよくご存じだ。」

これら一見の価値のある品々を皇帝にもお見せするよう、侍従長フォン・ヒューゲル男爵に指示が出された。皇帝陛下は大胆な発明に少なからず心を動かされて、そのうちのいくつかを手元に置きたいとの希望を表明され、もうその年の七月一六日のうちにオーストリア＝ハンガリー帝国宮内局はこのライン地方からの移住者に、「たとえもっとも加工しにくい、どんな種類の木でも、化学的・機械的な方法で任意のかたちに曲げて湾曲させてもよろしい」という特権を与えたのである。

●一から出直したウィーンでの成功

そうこうするうちに、トーネットの長男フランツが父親不在の間に仕事を引き継いでいたボッパルトで、よからぬことが起こる。外国の特許確保のために金を前払いし、これまでのところ一文の儲けも手に入れていなかった債権者たちが、トーネットの会社の資産でその損失を補填させたのである。そのうえ、メッテルニヒ侯爵のとりなしで実現したオーストリア宮廷への家具の納入も、差し押さえられてしまう。輸送品は道半ばで横取りされ、没収されてしまった。

というわけで、彼はもはや故郷で失うものは何もないということになった。彼はウィーンにとどまる。そして運命の年一八四二年秋にはもう――そのあいだに彼は四六歳になっていた――家族も呼び寄せる。のちに「トーネット兄弟社」という社名のもと、父親の仕事を受け継いでいくことになる五人の息子たちは、全員がまだボッパルトにいるあいだに生まれ、当時二二歳から一歳のあいだであった。つまり、ようやく学校へあがる子や、まだベビーサークルに入っている子さえいたのである。

全財産を奪われたミヒァエル・トーネットは、新たな活動の場ウィーンでもう一度まったくの一からはじめねばならなかった。マリアヒルフ通り《シュトラーセ》の家具製造業フランツ・リストが彼の最初の雇い主となった。仕事は順調だった。廉価なタイプの曲木椅子に製造を限定した。つぎの職場は、同じようにまだ雇われの身だったが、グンペンドルフのライストラー寄せ木張り床工場だった。一八四九年以降、ようやくトーネットは独立する。曲木家具を熱心に宣伝して回っていたイギリスの建築家P・H・ディヴァインが、ウィーンにあるリヒテンシュタインの相続屋敷の改築と家具調度の設置をちょうど引き受けたところだった。建築主である侯爵もまたドイツ人の仕事に魅せられたことで、トーネットには大口の注文が間近に迫ることとなり、そのおかげで彼は、パトロンの当座の前払いに支えられて、上の息子たちともども独立することができたのである。

❸❶トーネット

というわけで、グンペンドルフ通り《シュトラーセ》七四番地にある建物の三階で、有名なモデル「椅子No.４」がいまや大量生産されることになる。それが、オーストリア北東部のニーダー

㉜トーネット曲木椅子の傑作〔No.4（右）とNo.14（左）〕

エスターライヒ州商工組合によって推薦され、また新聞で公に紹介されたおかげで、圧倒的な大成功を収める。コールマルクトでカフェ・ダウムを営む経営者の女性ダウムが最初の大口購入者だった。彼女は純正のマホガニーを選ぶことに決める。つぎの納入先はブダペストのペストだった。すなわち、ホテル「英国女王館」の内装用にトネリコ材の椅子四〇〇の注文があったのである。一八五一年にロンドンで開催された万国博覧会では、「ウィーンの曲木椅子」が工業製品で最高の賞、大きなブロンズのメダルで表彰されることとなる。

　さてここで、ウィーンの浮動客のことも考えねばなるまい。そこでシュトラオホ小路のモンテヌーヴォ宮に販売店がオープンする。トーネットの営業所第一号だ！　需要は伸びに伸び、古い作業場ではまもなくもう追いつかなくなる。そこで引っ越しとなる。家主は有名な肖像画家のフリードリヒ・リッター・フォン・アーメーリングで、場所はかつての荘園グンペンドルフに属するモラルト製材所《ミューレ》へ。いまや従業員は全部で指物師九名、化粧板を切断する者八名、磨きをかける者一〇名、膠を塗る者二名、ステイン塗料を塗る者二名、ボルトで締める者二名、それに木工旋盤職人一名である。これまで手動だった器械は蒸気機関で動くものに置き換えられた。

運営上の強化措置もとられる。ようやく五七歳になったばかりでまだまだ意気軒昂だったにもかかわらず、ミヒァエル・トーネットは一八五三年一一月、会社の経営を五人の息子たちにまかせる。その三年後、一族全員がニーダーエスターライヒ州庁の通達によってオーストリア国籍を与えられる。

●オーストリア発の世界ブランドへ

オーストリア——その当時はモラヴィアもハンガリーもふくまれていた。それゆえに「外」へ向かって拡張することが協議された。ますます大量に必要とされるブナの木もすぐ手に入れることのできる、森の豊かな近郊に工場を建てたらどうだろう。モラヴィアの、北部鉄道の駅ビーゼンツ＝ピーシクから三キロ西に行った、市の立つ村コリチャンが選ばれた。モラヴィアとハンガリーに、のちにはガリツィアとドイツにも、さらに分工場が置かれることとなる。

息子たちがウィーンで企業活動をしっかりおこなう一方、シニアのほうは同じく南モラヴィアの現下の本社工場コリチャンに移る。そしてそこで、彼の総指揮のもと、あの伝説の「椅子No.14」が生まれるのである。トーネット家の本当の意味での世界的名声を築いた椅子であり、一九三〇年までに五〇〇〇万脚をくだらぬ数が生産されることになる。カフェやレストラン、集会所、役所の執務室や住居など、どこにでも目に入るものである。このモデルは「三グルデンの椅子」というニックネームの名声をも高めることになった。すなわち、五〇年後もそれは新製品時の販売特価で売られていたのだ！

●経営者として、家長として、先を見据えた手を打つ

妻のアンナがすでに一八六二年、つまり彼よりも九年はやく死んでしまったので、男やもめとなったラインラント出身の、ウィーンを選ばれた故郷にした男ミヒァエル・トーネットは、晩年をレオポルトシュタットの一八六一年に入手した住居ですごす。住所はカイザー・ヨーゼフ通り四〇番地，今日のハインリヒ・ハイネ通りである。死のきっかけは、いかにも彼と休むことを知らない彼の労働意欲にふさわしいものであった。一八七〇年秋、ハンガリーへの出張である森を視察しているときのことである。グロース=ウグロクツにある分工場への原材料の補給に関する出張だった。そこから持って帰ってきた風邪のせいで、七三歳の彼は長期にわたって寝込むことになり、一八七一年三月三日に永眠する。ザンクト・マルクス墓地では息子や孫たちだけではなく、従業員の代表者たちも彼に別れを告げたのだった。「彼らは父のように彼を敬っていた」、追悼の辞のひとつにはこうある。

いつの日か自分が世を去るときに備えて、身辺をきっちり整理しておくというのはよき父親のつとめである。それをミヒァエル・トーネットほどみごとにかつ先を見据えておこなった者は、あと

にもさきにもほとんどいない。二〇世紀への世紀転換期に、トーネット商会には六〇〇〇人を超える従業員がいた。そして第一次大戦勃発まで、世界でもっとも手広く活動する家具企業であることを誇ることができたのである。一九二〇年代後半、スチールパイプ製の椅子の登場によって、ようやく曲木椅子の優位に終止符が打たれる。そして第二次大戦が止めを刺す。一九四五年以降、後継者たちはふたたびまったくの一からはじめねばならなかった。しかしそれもまた、良き老ミヒァエル・トーネットが彼らにお手本としてすでに実演して見せていたのである——故郷のボッパルトで無一文となり、ウィーンへの誘いに応じたたっぷり百年以上前のあのときに。

皇帝の手になるひだ襟

●●ゲーラルト・ヴァン・スヴィーテン

スヴィーテン（Gerard van Swieten 1700-72）はオランダ・ライデン生まれの医師。マリア・テレージアの侍医としてウィーンに招かれた。女帝の厚い信頼を得て、医学教育や病院の改革に取り組んだほか、病気にまつわる迷信を科学的解明によって打破し、イエズス会に抗して検閲制度改革を図るなど、帝国の学的風土の近代化にも尽力した。

●マリア・テレージアによるたっての招聘

天才というにはほど遠いし、奇跡の治療などとはまったく無縁の人物。故郷の街ライデンでかくも名声を博したのは医療技術だけではなく、高貴な振る舞いと私心のない気質のおかげでもあった。一七四四年秋、大公妃マリア・アンナがブリュッセルで死の床に臥したとき、このゲーラルト・ヴァン・スヴィーテン博士に目をつけたのが、姉の女帝マリア・テレージアであった。ウィーンから呼び寄せられた侍医のエンゲルス博士は、この臨月まぢかの患者をすでに見限っていた。助言を求められた当地の医者のお歴々もなすすべがなかった。妹を心配する女帝は命を救う最後の試みをしようとし、推薦してもらった、医療のほかに大学で講義もおこなっていたヴァン・スヴィーテン博士を病床へと呼び出したのである。

むろん彼も多くの成果をあげることはできなかった。まず第一に彼には、押しつけられたライバルに対して我を張って無愛想にふるまう女帝の侍医エンゲルス博士という嫉妬深い敵がいた。二番目は、このケースは見込みがないということであった。大公妃マリア・アンナは死産をし、自分もまたそれにつづいたのだった。しかしヴァン・スヴィーテン博士のウィーンの宮廷とのつかのまの接触は一つの結果を生む。すなわち、マリア・テレージアはこの四五歳のオランダ人の人柄に惚れ込み、埋葬が済むか済まないかのうちに大仰な感謝の手紙をしたためる。そしてウィーンに移住してくるよう促したのである。ヴァン・スヴィーテンのような人物が宮廷にはいなくてはならないというのである。将来の侍医としてだけではなく、私的な顧問団の重要人物として。どれほどの才能がこのすばらしいオルガナイザーのなかに眠っているか、誰が知ろうか。

「あなたが彼女にお示しになり、そして私を大いに満足させてくださったご配慮とご尽力に対して、私はただただ心からなる感謝の意を表明しなければならないと思っています」、と女帝の親書には謳われていた。「本当に、このような人物は君主の周囲になんとしてもいてほしいのです。」

これで十分だった。だがマリア・テレージアは「彼の活動範囲を超えた」信頼を約束した男を獲得するのに、さらに一歩踏み込んだ。女帝はヴァン・スヴィーテン博士に嫉妬深いエンゲルス博士から守ることも請け合い、「あの不運な男は」あなたに「決していかなるやっかいごとも引き起こすことはない」だろうと、保証したのであった。「それは私に任せてください。」女帝が恐れていたのは、ヴァン・スヴィーテンの妻からの異議であった。夫よりも「哲学的ではなく、か弱かった」彼女は、夫にウィーンに対する保留の態度を貫き、ライデンに留まるよう夫を説得することもできたであろう、「この世で唯一の幸福」である「甘美な安らぎ」をあなたが享受しているこのライデンに留まるように、と。そのあと、外交的傑作というべき締めの文章がつづく。「できるだけはやくあなたにお会いしたいと、私がどんなに望んでおりましても、この話を受けてくださるか、それともご辞退され、私の望みを拒絶されるか、それはまったくあなたの自由であることを私は認めます。もしも自らすすんでそれを叶えることができないようならば。そうなれば私はとても残念に思うでしょうが、しかしそれもあなたのために我慢し、いつまでも変わらぬ私でいることでしょう。」

誰がこんなお追従に抵抗できよう。

というわけでゲーラルト・ヴァン・スヴィーテン博士はほんの少し考えただけで、この名誉ある招聘に応じることになる。一七四五年夏には彼はもうウィーンに入る。

●女帝の庇護のもと大胆な改革を推し進める

もっともオランダの故郷も彼が新たな目的に向かって出発するのを、容易にしてくれたのであった。ヴァン・スヴィーテンはカトリックだったので、プロテスタントのライデンでは出世のチャンスはなきに等しかったのである。著名な医学教授ブールハーヴェの愛弟子であった彼は、教授が逝去した際にも後継者として考慮されることなく、教授ポストへの見込みはなかった。彼を崇拝する学生たちが連帯して出してくれた上申書も、何の役にも立たなかった。ともかくいつもの原則がまかりとおったのだった。

むろん新たな活動の場ウィーンでも困難がなかったわけではない。帝位について五年になるマリア・テレージアが「よそ者」に与えた権力が、あまりにも大きいものだったのである。彼女はヴァン・スヴィーテンを侍医にしただけではなく、そのうえさらになさけない状態にある国の医療体制全体を刷新するよう依嘱し、宮廷図書館の館長に指名、検閲委員会のトップに据えたのである。私生活の面でも万遺漏なきようとりおこなわれた。噂好きのひそひそ話によるなら、マリア・テレージアが御みずから刺繍枠を手にし、北からやって来るお気に入りのために、当時ウィーンの宮廷でエチケットになっていたひだ襟をつくってやったというのである……

ヴァン・スヴィーテンはおのれに課された任務を真摯に受け止め、どこへ出しても恥ずかしくない改革の仕事に着手する。彼自身が師ブールハーヴェの臨床講義でとっていた速記録や、ライデン時代に「大変苦労して、また大枚をはたいて」集めた解剖標本を準備して持ってきていたので、彼は招いてくれた国の学生たちに自分の専門知識を伝えてやった。また彼の就任に際して、ウィーンには自由に使える診療所や講堂、実験室や解剖室がなかったので、やむをえず彼は最初の講義に同じように彼が館長を務める宮廷図書館の講堂を使ったのだった。医学生に知識を伝えるのに二年を要した。生理学に病理学がつづき、「このようにして私は薬物学、つまり治療薬の、その量と調合の歴史に達したのだ。」
四年もたたぬうちに、ヴァン・スヴィーテンの改革案は、上申書として女帝に提出されて、勅書にまで高められ、法的に保証されたものとなった。それまで独立してふるまい、それゆえ自分たちの特権が維持されていくよう嫉妬深く監視していた医学部は、いまや国家権力の下に置かれた。このとき、教授を指名し俸給を支給するのは君主となった。そして君主に任命された政府の代表が国家試験と博士号授与を監督し、医療行為をおこなう許可を与え、薬局を視察するようになった。ウィーンの医学学派は新しく生まれ変わろうとしていた。この刷新にはゲルハルト(Gerhard)・ヴァン・スヴィーテンの名がついた。オランダのゲーラルト（Gerard）はそうこうするうちにオーストリアのゲルハルトになっていたのである。

矢継ぎ早に改革がすすんだ。当時まだ窓も暖房設備もない小部屋に置かれていた解剖学教室には、新たにいくつかの部屋が与えられ、それまで処刑された犯罪者の死体に頼っていたのが、病院の死体安置所から補給を受けられるようになった。オランダで標本一式の買いつけがおこなわれた。オランダの手本にならって化学の実験室と植物園が設けられ、オランダ人ニコラウス・ヨーゼフ・ジャクィンが園長としてウィーンに招聘された。外科助手や医療助手や産婆といった下位の医療従事者も、国家の管理のもとで育成された。捨て子養育所が設置され、同様に最初の獣医専門学校もできた。そして一七五五年にヴァン・スヴィーテンは――イエズス会教会のところにある大学の新たな建物の中心――大講堂（今日の学士院）の使用を開始することができた。宮廷図書館の館長としてヴァン・スヴィーテンは、自由に出入りできる閲覧室を設けるよう指示することで、その蔵書を一般に公開した。国家検閲委員会の委員長としての彼は、それ以前に権限を握っていたイエズス会士の絶大な権力を制限し、明瞭にリベラルな基準を導入した。

国家の幹部という姿に隠れて、ときおり消えてしまいそうになっていた医師としてのヴァン・スヴィーテンもまた、ウィーンで仕事を山ほどかかえていた。梅毒に対して昇汞《しょうこう》をもって対処したのは彼が最初であったし、天然痘との戦いにおいても彼は進歩を遂げた。さらにオーストリアのいくつかの地方で吸血鬼の噂が不安と恐怖をまき散らしたとき、彼はそれをあらゆる伝染病のなかで最悪のものとして片づけさえしたのである。すなわち迷信であると。こういう点にもマリア・テレージアは彼の助力を期待していたのだ。

●利他的精神をもって国のために精力的に尽くす

ヴァン・スヴィーテンが猫の手も借りたいほどの状態になったのは何ら不思議なことではない。ある同時代人はウィーン時代の彼の生活をつぎのように描写している。

「早朝五時に起床し、六時半に宮廷に行く。八時か九時に宮廷から戻って、部屋に閉じこもり、二時まで仕事をする。そのあと午餐。これは一時間かかる。それから一時間貧しい人のために無料の相談。夜の七時までさらに仕事をつづけ、それには宮廷への二度目の出仕もともなう。九時に簡単な夕食をとり、一〇時半に就寝。このスケジュールを彼は厳密に守り、万やむをえぬ場合にしか

㉝マリア・テレージア記念像（カスパー・ツームブッシュ制作。下の台座中央に立っているのがスヴィーテン。）

例外をもうけなかった。彼が暇であることはけっしてなく、自分の住まいから出て歩いているときでも、馬車に乗っているときでも、彼はつねに何かに取り組んでいたのだ。」

この同じ証人は、ヴァン・スヴィーテンの利他的な傾向についても、称賛すべきことを報告することができた。

「仕事には非常に厳しいのに、それと同じだけのやさしい心を、彼はあらゆる不幸な人たちのために持ち合わせていた。貧しい人たちに惜しみなく施しをしたし、彼のところへ相談にやって来た人たちに対して、薬を買う金をしばしば与えただけではなくて、ともかく生きていけるように、かなりの金額を提供して支援してやりさえしたのである。才能ある医学生に対してはとくに援助を惜しまなかった。多くの者がもっぱら彼の出してくれる金で学んだのである。」

一七五八年、ゲルハルト・ヴァン・スヴィーテンは男爵に列せられる。彼より十七歳年下のマリア・テレージアはこの男を招聘することによって、ウィーンを全ヨーロッパに光彩を放つ医学の中心に仕立て上げたという名誉にひたることができた。そして、オーストリア女帝のイニシアチブがなければ、おそらくとるに足りないオランダの田舎医者として忘れ去られていたであろうこのヴァン・スヴィーテン博士こそ、どこから見てもヨーロッパ人となったのであった。オランダ語、ラテン語、ドイツ語のほかに、彼はフランス語、英語、イタリア語、ハンガリー語を話し、そのすぐれた記憶力のおかげで高齢になってもなお、「いにしえの詩人の何百もの詩句」を完璧にそらんじることができたのである。

一七七二年六月一八日、七二歳の誕生日から五週間後に、ゲルハルト・ヴァン・スヴィーテンはシェーンブルン宮の側屋で息を引きとり、その亡骸《なきがら》はアウグスティーナ教会の聖ゲーオルク礼拝堂*に安置された。その死をもっとも悲しんだのは彼をウィーンに連れてきたその人、すなわちマリア・テレージアであった。その日のうちに、自身の死の八年前のことであるが、彼女は息子のフェルディ

＊アウグスティーナ教会のロレット礼拝堂には、ハプスブルク王家の十人の皇帝、七人の帝妃たちの心臓が安置されている。

ナント大公にこう書き送っている。

「ヴァン・スヴィーテンの死によって私が今日の午後こうむった喪失は、あらゆる喜びのきっかけをその逆へと向けてしまいます。告白しますが、私は悲嘆に暮れています。たとえ彼が見込みのない状態で臥せっていても、生きていたかぎりは、ともかく私には彼がいてくれたのです。彼は亡くなりました。というよりも、むしろ生きるのをやめたのです。断末魔の苦しみもなく、最期の瞬間まで完全に意識はしっかりしていましたし、話せなくなってしまっても、まだ身振りで合図をしていたのです。」

その後も女帝は命日にこの偉大な男を偲ぶことをけっして怠らなかった。というわけで、美術史美術館と自然史博物館のあいだにあるカスパー・ツームブッシュ制作の豪華なマリア・テレージア記念像を飾る人物たちのなかで、このゲルハルト・ヴァン・スヴィーテンの本当にゲーテふうの姿がとりわけ際立っているのは、まことにもって彼女の意に沿うことなのだ。

金の鎖で

テーオドーア・ビルロート

ビルロート（Theodor Billroth 1829-94）は北ドイツ・リューゲン島生まれの名外科医。ウィーン大学教授として胃がん切除手術や喉頭手術において現代手術の出発点につながるようなパイオニア的業績をあげ、ウィーン医学の発展に大きな足跡を残した。音楽にも造詣が深く、ブラームスと親交を結び、音楽評論でも活躍した。

●よそ者の異端者をウィーン大学医学部のナンバーワンに

彼は、医学博士の学位をとる一年前の一八五三年秋、開業医としてベルリンに居を定めようとしたとき、ほどなくそれを断念せねばならなかった。二ヶ月たっても彼の診察室にはたった一人の患者も姿をあらわさなかったのだ。その二〇年後、彼はウィーン医学学派のナンバーワンになる。テーオドーア・ビルロートである。バルト海はリューゲン島の聖職者の息子であった彼は、もともとはるかに音楽家兼作曲家になりたかったのだが、皇帝フランツ・ヨーゼフによってオーストリアに呼び寄せられて、その時代のもっとも著名な外科医となったのである。彼をドイツのためにとり戻すあらゆる試みは頓挫した。グライフスヴァルトであれロストックであれ、はたまたハイデルベルク、シュトラースブルク、あるいはベルリンであれ、ビルロートはどの招聘にも首を縦に振らず、最期の日を迎えるまでウィーンに忠実でありつづけた。

すでに以前のポストに就いているときから——七年半彼はチューリヒ大学の外科教授だった——近代医学のパイオニアとしての彼の名声は確固たるものになっていた。しかしスイスは彼にとっては狭すぎた。「もうかなり以前からここでは居心地の悪さをおぼえています」、と友人の一人に書き送っている。「自分の活動範囲を広げることができないのがわかるのです。ここで外科医が達成できるものを私はすべて達成しました。そしてそれは、三七歳の人間にとっては何といっても決定的に不幸なことなのです。すぐにもここを立ち去らなければ、私は退化してしまうことでしょう。機会があれば私はどこへでも行きます。とにかくここから出たいのです！　もしかするとこれは一時的な気分にすぎないもの、あまりにもうまくいっているために、脂肪沈着の結果なのかもしれません。」

しばらく前からビルロートはウィーンと交渉していた。ウィーンの招聘担当部局とのやりとりはことのほか慎重にとりおこなわれた。万一招聘された場合には、彼はチューリヒの人々を驚かせてやりたいと思っていたのだ。同時にそれはきわめて厄介な一件でもあった。テーオドーア・ビルロートはプロイセン人でプロテスタントであり、カトリックのオーストリアはちょうどプロイセンとの戦争に敗れたところだったのだ。「何とすばらしい人たちだろう！　彼らは異端者をかの地の筆頭外科教授に据えようとしているのです――いまウィーンでそんなことをしようと思うのは、勇気のいることでしょう！」

一八六七年三月一六日、ウィーンの教授団は「あの外科教授を選ぶ」決定をくだす。「学問を最大限促進することが期待され、実践的な外科学だけではなく、生理学ならびに病理解剖学の研究においても大きな名声を博し、教師、執刀医、文筆家として特別な天賦の才によって際立ち、まだ働き盛りであり、大学と国家に最大の利益をもたらしうる外科学を当地で築くのに適任であるあの教授を。」

ビルロートは「そのようなことをいつも望んでいた」にもかかわらず、いまや「ほとんど不安な気持ちになっていた。「それに対して内閣は何と言うでしょう。プロテスタントのプロイセン人ですよ！　世界都市ウィーンで仕事をすると思うと、私は頭がくらくらします。」

●ウィーン暮らしの楽しみと苦労

二ヶ月後皇帝フランツ・ヨーゼフは任命通達に署名、その五ヶ月後、テーオドーア・ビルロートはオーストリア＝ハンガリー帝国の首都にして居城都市で最初の講義をおこなう。タイトルは「一般外科学入門」。まだチューリヒにいるときから親交のあった北ドイツ出のブラームスも、またウィーンをおのれの選ばれた故郷にしたということが、ビルロートにオーストリアへの招聘に応じる決意を容易にさせたのであった。「かの地で、精神的な刺激を受けられる、そうした人々のサークルを見つけることができて、大変うれしく思います。」

ウィーンの生活環境も彼には気に入ったのである。「そこの人々はみな愉快で屈託がありません。ほどほどに働き、大いに楽しんでいます。」ドイツの古い友人たちは自分たちもそういう光景を想像してみるよう促された。客をもてなす天分にも恵まれていたビルロートは、新しい住所、すなわちウィーン、ヨーゼフシュタット、トゥルペン小路三番地へ自分を訪ねてくるよう招待状を送ったのであった。

しばらくすると最初の上機嫌にむろん批判的な言葉も混じってくる。夫人のクリステル——一八五八年以来ビルロートはベルリンの宮中医のエトガル・ミヒァエーリスの娘と結婚していた——はウィーンへの移住で大喜びしていたのに対して、夫のほうは「まさに山師と成り上がり者のために好都合にできているような当地の奇妙な状態」に文句を言い、シュトゥットガルトの友人の一人にこう書き送っている。「どんな刹那的な欲求も満たされます——しかしけっして満足することはないのです！　大きな目標が欠けているのです。」

多民族国家特有の諸問題をもビルロートは感じるようになる。「大小それぞれの州が自国の言語でやっていこうとし、文部大臣が大学も学校も、さらには教師の採用も意のままにできないのなら、いったい文部大臣とは何なのでしょうか。あらゆる州の小さな大学はその土地で生まれた者しか受け入れようとしないのです。」

世代問題さえもが彼を悩ませたのである。「当地の私の学部のなかでは、人づきあいはなきに等しいものです。同僚のほとんどが六〇歳以上で、五五歳以下の者は一人もいません。というわけで私はむしろ、ここの助手や講師の年齢なのです。彼らと今後は徐々にではあっても、快適な仲間の輪ができていくのでしょう。」

大きな賃貸アパートでは個々の世帯のあいだに互いに交流がないということを、彼はベルリン時代から知っていた。彼の上の住まいで誰かがシュトラウスのワルツを演奏していた――それが誰なのか、ビルロートはとても知りたがった。また彼が知り合った文士たちは、彼には「恐ろしいほど退屈」に思えた。それだけいっそう頻繁にビルロート夫妻はブルク劇場に足を運んだのである。「何といってもそこは相変わらず一流の舞台なのだから。」しかしハインリヒ・ラウベが年金生活に入って、監督が代わってからというもの、「残念ながら大きな衝撃を受けていた。目下のところ演出とレパートリーは無計画なままだ。ラウベはしばしばまわりへの配慮を欠いたが、しかしいま、以前彼のことで苦情を訴えていた俳優たちも、彼に戻ってきてもらいたがっている。というのも、誰が料理人で誰がボーイなのか、いまやもう誰にもわからないからだ。」

●精力的な仕事と金の鎖でウィーンにつながる

ウィーンでの最初の夏にはもうビルロートは、第八区の街中の住まいにノイヴァルデク〔現第十七区〕の別荘を加えている。そこから診療所までは辻馬車で半時間であった。「私たちが借りている別荘は、ウィーンのもっとも美しい近郊の、ドルンバッハ公園のわきの、ほとんど森のなかにあり

㉞ビルロート

ます。妻も子どもたちもとてもすこやかで、私はすばらしい朝夕をほこりっぽくて暑い首都ですごす必要のないことを喜んでいます。七月のはじめにはもう休暇がはじまりますので、私は夏の後半には、より多くこの田舎に滞在したいと思っています。」

すべてのものにはむろん価格がついている――しかしウィーンではそのうえ「空気にさえ税金がかかる」始末なのだ！　キールの友人に彼はそれをつぎのように並べ立てる。「私の給料がちょうど私の家賃分です。ここでの生活はとてつもなく高くつきます。私がともかくまず、同僚たちがいつもここでしていたようにやっていたなら、つまり学問的な仕事は何ひとつせず、自分のことだけに心を配り、公務や臨床講義を間に合わせの片手間で片づけ、病院でのたえざるごたごたを、ここ百年来そうしてきたようにほうっておいたなら――そうすれば私はここでまったく幸せでおれるでしょうし、そのようにしておれば、私ははじめて本当のウィーン子になっていたでしょう。」

しかし彼はだらだらと仕事をするような人間ではなかった。「当面私はここでみんなの嫌われ者です。私が信頼を置いているのは、教育を受ける素質があり、そして私についてきてくれる若者たちだけです。私は今学期四〇〇人の聴講者に対して講義をおこないました。また前学期の私の臨床講義には二五〇名が履修届を出しました。それが彼らの目にどう映っているのか、むろん私にはわかりません。これだけの人数では実践的な面はあまり多くを修得することはできません。」

こういうわけで、ビルロートは同僚の多数とはちがって、手を抜くことはなかった。朝の八時に「定期予約してある豪華馬車《エクヴィパージェ》」で街へ出、九時から一一時まで診療所で監督に当たり、その後は診療、ホテルのひとつで昼をとり、昼寝のあと診察をして、午後六時に彼の「わが郊外の地《カンパーニャ》」に帰る。休暇の間は仕事をするために街中の住まいに閉じこもった。「ここで妻や子どもたちに囲まれていると、何もやりとげることができません。」

ウィーンでのビルロートの名声はつとに確固たるものとなっていたので、彼が望む労働条件を押し通すのに何の問題もなかった。「給料は四〇〇〇グルデンに上がりました。というわけで、いまの立場でこれ以上何がよくなってほしいのか、私にはもうわかりません。私はいまや金《きん》の鎖でウィーンにつながれているのです。」

彼の敵たちも口を閉ざした。「最初の学期に私は猛烈な不運に見舞われました。手術を受けている患者たちに、とんでもないことがつぎつぎと降りかかったのです。しかしいまは幸運なことに事態は一変しました。私の診療所には、大きく換気のよい明るい部屋部屋に九〇のベッドがあります。外来患者も年にほぼ二千人に達するまでになしとげました。個人診療では一八六八年におよそ一万四千グルデン以上を稼ぎましたが、その際とくに骨を折ったということはありません。」

●ウィーンで愛されていることの意味

欠けていたのは社交上のつながりだった。「どんなつき合いも大変厄介なものです。距離が遠く離れているということ、身支度、パーティーのはじまるのが遅いということ（九時か一〇時）、こういうことすべては、子どものために生きている女性（そして私の娘たちは目下七歳と四歳と二歳で大変手がかかります）にとっては、非常にきびしいものです。それに私の妻はウィーン女性のような軽々しく浅薄な気質ではありませんので、彼女にとっては当地になじむのが困難なのです。娘たちの教育をどうすべきかということも、私にはまだまったくわかりません。ここにはいい学校がないのです。だからすべてを女家庭教師と個人教授とでまかなわねばなりません。大変面倒ですし、それにとても高くつきます！」

ビルロートは新たに睡眠障害にも苦しむようになった。夜遅くに就寝するにもかかわらず、夜明けにはもう目が覚めてしまうのである。そして妻のクリステルにはそういう彼が耐えがたかった。「街中で朝の八時からびっしり連続で病人を診たり手術をしたり、あるいは彼らについて話したりしたあと、夜の八時に田舎に戻ってくると、私はともかく休息することだけが必要な振動状態になっています。しかし、どうしてそんなことが可能でしょうか。妻や子どもたちも何といっても人間なのです！　妻は一日中子どもたちとだけいたのです。彼女は私と話したがり、自分に関心を示し、活気づけてほしいと、私に求めるのです。彼女には、精神的に無力な、なかば死んだような夫からでも、そうしたことを要求する権利があるのです。」

ほかの人たちはこうしたことをどのように熟《こな》しているのだろうか。ビルロートにはそれがわかったような気がした。すなわち連中は、「教授になった瞬間からもはやまったく研究をおこなわず、ただただ診察と家族のために生きているのです。」ウィーン子に特徴的なことだが、彼らにとってはウィーンという街のなかで地位を得ることが、死すべき定めの人間が到達しうる最高のことなのだ。「自分の名がウィーンとオーストリアを超えて広がっていくことに、彼らはまったく関心がありません。学問はここでは、講義や診察のために身につける衣装のように、実践家の身にまとわりついているのです。そして連中は仕事を終えると無邪気な人間として別荘に帰るのです。ウィーンはオーストリア人の最高の目標なのであり、野心がウィーンを超えて外へ出てゆくことはありません。何という幸せな、うらやましい連中でしょう!」

彼もまた贅沢な生活に傾いた人間であり、大食漢にしてヘビースモーカー、散歩以外はどんなスポーツもせず、それだけいっそう多くの時間をおのれの大いなる情熱、つまり音楽についやしていたことについては、ビルロートは口をつぐんで語らない(ウィーンがそれらすべてにとって理想的な地であるということについても)。ドイツに帰ろうという折にふれての気まぐれな気持ちは、いずれにせよまじめにとる必要はなかった。「ウィーンではすべてが快適です。当地の芸術コレクションは無尽蔵です。私たちは歌い、音楽をたしなみ、劇場に行き、そしてシュトラウスのところに行って彼と一緒に快適な気分にたっぷりとひたるのです。しかし学問には、肥沃で暖かい土地よりも硬くて乾いた土地が必要なのです。」

㉟ビルロートの墓（ウィーン，中央墓地）

それにもかかわらず彼は肥沃で暖かい土地を選んだ。「私はここで、自分がある種の使命をおびているように感じています。」年を経るごとに、「たゆまず仕事をするという永遠の義務感をもってあえぎながらこの世を歩んでゆく」ことが、彼にとってますます困難なものになっていったにもかかわらず、最大限の良心を持って彼はおのれのこの使命を果たしつづけ、けっして安らぐことはなかったのである。そしてついに彼は、執刀医、大学教師、発明家（混合麻酔からバテスト包帯材料にいたる）としての先駆的な仕事とならんで、看護学校の創設、ボランティア救助協会の開設ならびにルードルフィーナーハウス看護婦会会館と医師会会館の建設といった、大きなプロジェクトを手がけて、それらを首尾よくなし遂げたのだった。一八九二年一〇月、死の十六ヶ月前のことであるが、博士になって四〇年、ウィーンにきて二五年という二重の祝典を祝ったとき、彼は寄せられた祝辞のすべてに大きく心を動かされ、謝辞の際にほとんど言葉を失うほどであった。「大学の行事としてこのような敬意の表明は、存命中の教授に対してはこれまで一度もなされたことはありません。」

六五歳の誕生日の六週間前、テーオドーア・ビルロートはアバツィア（現クロアツィアのリエカ近郊の保養地オパティヤ）で保養中に世を去る。もう何年も前から彼は脂肪心と慢性の心筋炎に苦しんでいたのだった。遺体はウィーンに運ばれて、中央墓地の名誉墓所に埋葬された。あまたの弔問客のなかに、ウィーンを第二の故郷としたもう一人の偉大なドイツ人の姿もあった。ヨハネス・ブラームスである。彼はビルロートの葬儀から帰ると、友人にこう書き送る。「ここで愛されているということがどういうことか、あなたもご覧になることができればよかったのにと思いました。」

あらゆる種類の商品

アルフレート・ゲルングロース

ゲルングロース（Alfred Abraham Gerngroß 1844-1908）はドイツ南部フュルト生まれの商人・デパート経営者。フランクフルト・アム・マインを経てウィーンで商売をはじめ、大衆消費社会の出現を背景に消費者の嗜好を鋭敏に嗅ぎとって事業を拡大、時代の最先端を行く設備と商品をそろえたウィーン初の大規模デパートを開店し、大成功を収めた。

●フュルトから来た敏腕商人、ウィーンで一旗揚げる

ベルリンではヴェルトハイム、パリではギャラリー・ラファイエット、ロンドンではハロッズ、ニューヨークではメイシーズとするなら、ウィーンではゲルングロース、老舗デパートのナンバーワンというわけである。これらのデパートは何十年も前から伝来の名から遠ざかり、さらにしばしば所有者を代えていたとしても、それらはいつの時代でもハロッズであり、メイシーズであり、ゲルングロースのままである。そして、かつてそういう名の創立者もいたということを知る人は、もうほとんどいないのである。

ウィーンの場合、それは一八四四年一月三〇日にフランケン地方の商工業都市フュルトで生まれたアブラハム・ゲルングロースであった。彼は――「フランクフルト・アム・マイン出の商人」として――若いうちにウィーンへやって来て、この地でより一般的なアルフレートという名に改名、そして一八八一年、十三歳年下の弟フーゴとともにマリアヒルフ通り《シュトラーセ》に小さな織物店を開き、それが時がたつにつれて――マリアヒルフ通りはまさにウィーン市民のショッピングセンターへと脱皮しようとしていた――オーストリア＝ハンガリー帝国の首都にして居城都市最大のデパートになるのである。

　ゲルングロースは市場の開拓と大衆の好みに対して、特別鼻のきくタイプのユダヤ商人の一人であった。鉛筆からブラインドまで、ステッキから鏡用ガラスまで、チコリーから絵本まで、ブリキのおもちゃから消防ポンプまで、市民時代の人間が生活に要するほとんどすべてのものを生産して、当時豊かな産業が花開いていた生まれ故郷のフュルトから、彼は自分の仕事にとって特別なノウハウを携えてきたのである。フュルトは世界のあらゆる部分と取引関係を有する経済の中心であるだけでなく、見本市の都市でもあった。もともとはどこにでもあるような年の市が立つ民衆の祭りであった聖ミヒァエル教会開基祭が、ヨーロッパの商人が集まる十一日間の見本市へと成長した。地中海東岸地域《レヴァント》、南北アメリカ、それにオーストラリアからさえ、彼らははるばるやって来た。

㊱ゲルングロース

●ウィーン子を驚かせた時代の最先端を行くデパート

首都ウィーンを擁するオーストリアもまたフュルト産商品の重要な顧客だった。広大な後背地をかかえ、当時百万そこそこの人口を擁していたこの都市にまだなかったもの、それは、いくつもの階に分かれて日々の暮らしに必要な商品が客に完璧に提供される、そういう種類の大きなデパートだった。アルフレートとフーゴ・ゲルングロースは彼らの「営業対象品目」を織物から食料品ならびに雑貨へと拡大する許可を役所で取得する。さらには買い足しによって土地を増やしていくことにも徐々に成功した。こうしてオーストリア＝ハンガリー帝国上級土木監督官フェルディナント・フェルナーとヘルマン・ヘルマーが一九〇二年に、六階建てデパートの建設計画を実行に移すという依頼を受けたとき、兄弟がそのために自由に使える土地は店舗十三軒分をくだらぬ広さになっていた。マリアヒルフ通り三八番地から四八番地、リンデン小路《ガッセ》一七番地から二一番地、キルヒェン小路《ガッセ》二番地から六番地、それにミュンツヴァールダイン小路《ガッセ》九番地である。当世風の豪華なユーゲント・シュティールの建物が建てられた。まさに最高の建物であった。正面《ファサード》は金属とガラスをふんだんに使い、内部は迫持《アーチ》のある凸型の回廊《ギャラリー》になっており、両手すりのついた正面外階段が各階をつなぎ、ガラス屋根には色とりどりの装飾がほどこされている。窓は細長い中庭に向けて開かれ、派手な装飾の噴水の彫像がサンルームを飾っている。

あらゆる技術的な面も時代の最先端をいっていた。五台のエレベーターにならんで、ウィーン初のエスカレーターが人々を驚かせた。セントラルヒーティング、換気装置、電気掃除機、それに三五〇のアーク灯、二一〇〇の白熱電球、八四の緊急灯用の非常用発電機も備えていた。火事に備えて二九の消火栓、三七の火災報知器、それに公共機関への自動通報装置が二台備わっていた。一階のショーウィンドーにはスプリンクラーが備えつけられており、電話は一三本の外線と八〇台の電話機があった。

内部は外国の例にならったものであった。本館の半地下と一階ならびに二階では小売りが、三階と四階では卸売りがおこなわれた。四階と五階にはサンルーム、喫茶室、読書室、自前の診察室、それに管理事務所と内部操作のための作業室がまとめられていた。リンデン小路に面した細長い側翼は、商品の搬入出のための空間として残されていた。そこには納入業者と従業員用の入り口、貯蔵倉庫、荷造り場、更衣室にシャワールーム、それに従業員食堂があった（一九〇四年の開店時、従業員数はおよそ七〇〇人にのぼった）。

●反ユダヤ主義の荒波にもまれて

一九一一年、いまは盛りのこの企業は株式会社に変身する。アルフレート・ゲルングロースの息子たち、アルベルトとローベルトも経営陣に入る。末っ子のオットーだけが独自の道をあゆみ、学問に進んで、工業化学科の教授として名をなすことになる。

ツィーグラー小路にある住居からマリアヒルフ通りの会社まで、アルフレート・ゲルンググロースはゆっくり歩いていくことができた。しかし一八七四年から一八九一年の間に妻のエマ、旧姓ジッヒェルが八人の子を授けてくれたおかげで、街中の住まいはじきに手狭になってしまい、ウィーンの森のハーダースドルフに別荘を購入。バーデン近郊のヴァイカースドルフに一家は居住権を持っていた。

一九〇八年一月、当主は六三歳で世を去ったとき、家族に四〇〇〇万クローネを上回る遺産を残した――娘のローザとミンナが結婚のときに手にした、それぞれ二五万クローネの持参金をのぞいての話である。

ウィーン中央墓地のユダヤ人区画にある一家の墓も、この創業者の富を証するものである。まわりの墓の二倍の広さがあり、明るい花崗岩でつくられ、儀礼用の並木を縁どる墓所は専用のベンチをそなえている。重厚な金属でできた輪型の取っ手が巨大な墓標版を飾る。

同じ場所に埋葬される弟のフーゴ・ゲルンググロースはアルフレートよりも二一年長生きする。一九二六年、そのあいだもつぎの世代の者たちによって営々と営まれてきたこの企業は、現下のノイバウ地区に会社のシンボルを持つようになる。マリアヒルフ通りとキルヒェン小路の角の建物の上にそびえる、遠くからでも目に入る光の塔だ。

一九三二年一二月一八日、つまり「オーストリア併合」のずっと以前に、ゲルンググロース・デパートは広まりつつある褐色のテロを最初に体験する一軒となる。クリスマス商戦で賑わうさなか、ナチスの徒党が催涙ガスと悪臭弾を投げ込み、パニックが起こり、多くの負傷者を出したのである。そして一九三八年、「ゲルングロース」はウィーンで最初に「アーリア化」されたユダヤ人商店の一つとなる。

第二次大戦後も相変わらず「当地一番の店」をめぐる災厄は、とだえることなくつづいた。何度も所有者が代わったせいで（地元民のつぎにドイツ人、そのあとスイス人、そして最後にはまたオーストリア人）、従業員にも客にもさまざまな不満が鬱積していたところに、一九七九年二月七日の大火でこの会社はすっかり灰燼に帰してしまう。その一年後に営業をはじめた新館がかつてのゲルングロースと共有しているものはひとつしかなかった。すなわち名前だけであった。だがこの名前は生きつづけているし、将来も生きつづけることだろう、この場所にデパートがあるかぎり。

王侯貴族のムーア人

アンジェロ・ゾーリマン

ゾーリマン（Angelo Soliman 1721［?］-96）は現在のナイジェリア北東部あたりの生まれ。十歳の頃奴隷としてシチリアに連れてこられて総督の近侍となり、総督の死後はウィーンでリヒテンシュタイン家の近侍・執事を務めた。ウィーン人のエキゾティックな興味を掻き立てたムーア人として知られ、フリーメーソン会員でもあった。

●人間としての尊厳を蹂躙されたムーア人

一八四八年一〇月三一日、ウィーンでは革命が荒れ狂っていた。激昂した民衆が帝国の兵器庫を急襲占拠し、国防大臣ラトゥールがリンチにかけられ、その遺体は街灯の柱に吊された。ウィーン市に戒厳令を敷き、指揮下の皇帝軍によって暴徒を鎮圧しようとした陸軍元帥アルフレート・ヴィンディシュグレーツは、最後の一撃の構えをとった。榴弾を市街地区に打ち込ませ、いくつかの建物が炎上した。

焼失した建物のなかには、帝国博物標本室の保管品が収められていたヨーゼフ広場のオーストリア＝ハンガリー帝国宮廷図書館の屋根裏部屋も含まれていた。収集狂の皇帝フランツ二世の命によって集められた動物学ならびに鉱物学のコレクション——今日の自然史博物館の先駆け——が、すぐれて人本主義的な志操の持ち主の医師カール・リッター・フォン・シュライバーの監督下に入ってからは、かつて人の目を瞠らせた陳列品の多くが展示中止となり、切り妻の下に保管されたのである。それはとりわけ、かつては彫刻家にしてメダル制作者フランツ・タラーの特別仕立てで、一年中博物標本室のガラスケースに入れられて、誰でも見ることができる剥製にされた黒人、アンジェロ・ゾーリマンのためにとられた措置であった。カピバラ、クチジロペッカリー、バク、それに幾羽かのアメリカの渉禽や鳴禽の標本が、彼の隣人たちだった。熱帯の森林風景が書き割りとして置かれていた。

一八〇六年に就任した室長リッター・フォン・シュライバーが最初にとった職務行為の一つが、「黒人人形」を展示室から博物標本室の職員しか入ることのできない倉庫へ「移転」せよと命ずることで、前任者のこの恐ろしい、敬虔さに欠ける行為を、すくなくとも是正することであった。——もっともときおり、まさにその職員に相応の酒手を渡して、屋根裏部屋へこっそり入れてもらっては、ぽかんと口を開けて見つめる者もいたことはいたのだが。

ともかくそれももう終わりとなった。保管庫は焼け落ち、剥製にされたムーア人も同じ運命をたどった——例外的に喜べるような損害だった。革命の炎は、かけがえのない民族学的な稀少品が詰まったいくつかの箱だけでなく、この人間の尊厳に対するとてつもなく恥ずべき蹂躙行為をも拭い去ってくれたのである。

このアンジェロ・ゾーリマンとはいったい誰なのだろうか。どのようにして彼はウィーンへやって来たのか、そして彼の死後、皮を剥がれて動物標本としてずっと保管されるということがどうして起こりえたのだろうか。

●奴隷の身から侯爵の執事に

のちに伝記で呼ばれる名を使うなら、この「王侯貴族のムーア人」の出自は、歴史の闇に消えたままである。それも彼の出身地である大陸、すなわちアフリカの闇のなかに。彼自身が語っていることはごくわずかでしかない。それによると、彼はガラ族、つまりエチオピア南部からケニア北部に住み着いたハム族の子孫で、もともとは星を崇める自然宗教を信奉していたが、のちにイスラームに改宗し、ご本人が生まれたころ――およそ一七二〇年ごろ――には、原始的な物々交換で暮らしていた。男子の新生児は儀礼として割礼を受け、腿に入れられた入れ墨が部族のしるしであった。ムマディ=マケ――これが出生時の名である――は、族長を父に持ち、とりわけ母の命を奪った戦闘中に七歳で敵の手に落ちたということである。奴隷として成長し、まずは良血の馬と交換され、その後金で売られて、駱駝番として白人の植民地領主の手に渡った。この少年の外見的な長所ならびに特別な才能を認めたのが誰であれ、ムマディ=マケはまた売られ、シチリアに行き着く。メッシーナに住む大金持ちの貴族の女性が家事のために十歳の彼を受け入れ、イタリア語と基礎的な学科の手ほどきをおこなわせ、洗礼を受けるよう指示して、彼に名を与えた。新たな誕生とエキゾチックな出自があらわされている名、アンジェロ・ゾーリマンの名を。

オーストリアの総督としてシチリアに駐在していたヨーハン・ゲーオルク・クリスティアン・フォン・ロプコヴィッツ侯爵は、メッシーナ侯爵夫人の家を一度訪れた際に、愛らしい黒人の小姓に目をとめる。少年をお供に加えたいという帝国の将軍の望みにはとても抗しきれず、その結果侯爵夫人は将軍に異邦人の少年を贈り物として差し出したのである。侯爵の屋敷では、この少年がドイツ語を話しさえすれば、何とか使うことができた。そこで家庭教師が数週間以内に必要最低限のことを彼に教え、残りはご主人様との日々の接触のなかで習得するということになった。そのご主人様にとって少年は、まもなく旅行だけではなく遠征においても、機敏であると同時に勇敢なお供となったのである。

㊲ゾーリマン（ゴットフリート・ハイトによる銅版画，1750 年頃）

一七五五年ロプコヴィッツ侯爵が世を去ったとき、アンジェロ・ゾーリマンは三〇代半ばだった。遺言によってリヒテンシュタイン家の君主ヴェンツェル侯爵に贈られ、いまや次の滞在地への道が拓けることになる。ウィーンである。オイゲン公のもとライン沿いで戦い、ベルリンとヴェルサイユで国を代表し、ピアチェンツァでフランス軍を打ち破ったこのオーストリアの総司令官は、病気のために軍を辞し、いまやウィーンからオーストリア軍の砲兵隊組織の再編をおこなっていた。リヒテンシュタイン侯国の跡継ぎである彼は、オーストリア＝ハンガリー帝国の首都にして居城都市に大きな屋敷を構えていた。そこではその間にフランス語ならびに片言のラテン語、ボヘミア語、英語にまで語学の知識を広めていたアンジェロ・ゾーリマンのような召使いにも、多くの仕事があった。近侍、式部官、執事等々――こうした肩書きで彼は記録に登場する。「王侯貴族のムーア人」、会計簿ではこう呼ばれた。宮廷での名士にして当時のウィーンでは知らぬ者のない呼び物、おそらく彼は多くの人々にとって、一種の流行品であるとともに異国風の見物でもあったのだろう。そして侯爵に助けを求める不幸な人や苦境に立たされた人は、彼を調停者ならびに守り神として利用したのだった。

一七六四年四月、そうこうするうちに四三歳になっていた彼に晴れの日がやってくる。華麗に飾り立てたアンジェロ・ゾーリマンは、ヴェンツェル侯爵が皇帝ヨーゼフの戴冠式に出るためフランクフルトへ赴いた際、そのお供に加わったのである。金と銀を混ぜて織り込んだ祝典用の制服は、わざわざ彼のために仕立てられたものであった。それに加えてボタンで留めるブーツ、赤いビロードのターバン、トルコ風のサーベルがついていた。刺繍をするお針子、糸屋、それに小間物商は、小さなボタンや糸や房飾りにオリエント風の装いを施すよう言いつかっていた。毛皮加工職人は彼のために裏地のついた毛皮の寸法をとった。飾りは金でできていた。

●幸福な結婚と侯爵家からの追放・復権

その四年後アンジェロ・ゾーリマンは主人の不興を買う。ヴェンツェル侯爵は、誰かがうっかり口をすべらせたせいで、自分の「執事」がひそかに結婚していたということを耳にしたのである。彼の職務遂行がゆゆしき変化をこうむりかねないことを、リヒテンシュタイン家の人々が恐れたのであれ、はたまた黒人男性と白人女性との混血婚を無礼な振舞いと見なしたのであれ――いずれにせよヴェンツェル侯爵はわが目に「不実」と映る男に釈明を求め、屋敷からの追放を予告し、アンジェロがさまざまな祝典の際に主人のお供としてこれ見よがしに見せびらかしていた高価な装飾品を、すべて彼に贈ることにしていた遺言書からも、彼の名を削除したのだった。一七六八年二月六日、聖シュテファン教会で婚礼がとりおこなわれた。ラテン語で記された記録には、花婿は「尊敬すべきアンジェロ・ゾーリマン氏、ヴェンツェル・フォン・リヒテンシュタイン侯爵殿下の従者であるムーア人、非カトリックの両親のもとアフリカに生まれ、自身はカトリックで独身」、花嫁は「尊敬すべきマグダレーナ・クリスティアーノ婦人、ハルラッハ伯爵夫人の秘書であったアントーン・クリスティアーノの未亡人」となっている。

夫より十三歳年下のマグダレーナはオランダ出身で、旧姓をケラーマンといい、有名なボナパルティストの将軍デュク・ド・ヴァルミーを兄に持っていた。いくらかの財産も彼女は自由に使うことができた。郊外のヴァイスゲルバー――今日の第三区のラデツキー広場とレーヴェン小路《ガッセ》の角――に、ゾーリマン夫人となった彼女は家屋を所有しており、そしてここ、「キルヒェン小路三八番地」で、当時の社会事情からみて非常に不釣り合いなこの夫婦は静かな幸福を味わった。五年後には娘が生まれて、それに花を添えることになる。一七七二年一二月一八日、聖シュテファン教会の大聖堂で彼女は洗礼を受け、ヨゼフィーネと名づけられる。子どもは彼女一人だけだった。二五歳のとき、父の死後一年、母親の早い死から十一年後に、彼女はウィーンの名家に嫁入りする。エルンスト・フォン・フォイヒタースレーベン男爵、二度目の結婚でのちに有名になる同名の医者にして哲学者の父親となった彼は、当時ガリツィアで回路技師をしていた。

結婚生活には何の不足もなかったものの、アンジェロ・ゾーリマンは意気消沈していた。侯爵家からの追放という手ひどい仕打ちをいったいどうやって乗り越えようというのか。それだけいっそう、その後の復権は心を晴れやかにするものだった。ヴェンツェル侯爵の死から二年後、その甥で跡継ぎのフランツ侯爵が彼をリヒテンシュタイン家の宮殿に呼び戻し、年六〇〇グルデンの給料で彼に息子アロイスの教育をまかせたのである。六三歳までアンジェロ・ゾーリマンはこの新たな勤めを忠実に果たした――それからはようやく彼は会計簿に「かつての近侍」として出てくることになる。

その少し前にアンジェロ・ゾーリマンはフリーメーソンに入る。モーツァルトとハイドンも団員であった支部「真の調和」はのちに、「当時自由のなかったオーストリアの首都で黒人問題を肯定的な人間愛の精神において解決し、黒檀色の純黒人を暖かく迎え入れたこと」を、自分たちの名誉と見なすことになる。というのもたとえ彼が、皇帝ヨーゼフ二世でさえ何度か散歩の際に同行することを許した最上流階級のなかで尊敬される人物であるとしても、やはりアンジェロ・ゾーリマンを真に自由な人間と呼ぶことはできなかったからである。奴隷ではなかったにせよ、しかし結局は単に「高級な農奴」だったにすぎず、販売の対象、贈り物、それどころか遺言による遺産として、さまざまな所有者の手に渡っていったからである。こういうわけでウィーンのフリーメーソンは、生じるかもしれないあらゆる疑念、それどころか自分たちの「よくできた会則」さえ無視して、アンジェロ・ゾーリマンを同等の仲間に選んだことを誇りに思ったのだった。

●エキゾチシズムの犠牲に

ウィーン子にとってこの異国人をかくも魅力的に思わせたのは何だったのだろう。古い評伝にはアンジェロ・ゾーリマンについてつぎのように記されている。

「中ぐらいの背丈で、すらっとして美しい体つきだった。あらゆる肉体運動におけるなみはずれた俊敏さが、彼の態度と彼の動作に優美さと軽やかさを与えていた。記憶力はずば抜けていた。気性は祖国のそれを反映して荒くはげしかった。それだけいっそう、彼の振舞いがいつも変わることなく陽気であり穏和であるのは、尊敬にあたいした。それはつらい戦いとおのれ自身に対するいくたびもの勝利の成果だった。どんなにはげしく興奮しているときでも、不躾な言葉や悪態が口からもれることはけっしてなかった。迷信に染まることなく神を畏れ、宗教のあらゆる規定を誠実に守った。自分の発した言葉は彼にとって変わることなく神聖なものであった。じっくり考え抜いて決めたことは、どれだけ説得されてももはや揺らぐことはなかった。服装はいつも祖国風だった。一種のトルコ風の幅の広い衣装で、たいていはまばゆいばかりに白く、それを通して見ると、皮膚の輝くような黒さは、ずっと感じのよいものとなった。」

六五歳でアンジェロ・ゾーリマンはやもめになる。妻のマグダレーナは「腐敗熱と腎不全」で亡くなり、「マリアヒルフ土塁《リーニエ》の外側」の墓地に埋葬された。いまや彼の愛はすべて二人でもうけた娘のヨゼフィーネに注がれることとなった。彼女とともに彼はフライウング一六五番地の家へと移り住んだ。一七九六年一一月二一日、彼自身が「卒中の発作」で世を去ったとき、いまや二四歳になった娘に現金の遺産は残してやれなかったものの、分相応の嫁入り支度を残してやり、それには「小さな揺りかご」も「ちゃんとした奉公人用のベッド」も欠けてはいなかったのである。死後、彼の遺骸はヴェーリング墓地に埋葬された。

彼の遺骸——これは文字どおりそのままとらなければならない。というのもアンジェロ・ゾーリマンが世を去るや、よからぬことが起こったからである。皇帝の指示で——たとえそれが、高齢になるまで保たれていた彼の均整のとれた美しい姿を後世のために保存しておこうという、まことに善意からの要求であったとしても——彼の遺体は動物標本制作者の手に引き渡され、オーストリア＝ハンガリー帝国宮廷図書館の車庫で完璧に「詰め物をされ」、博物標本室の動物部門に特別な見せ物として加えられたのである。娘ヨゼフィーネは抗議して——警察の記録によると——「父親の骨格と皮膚が埋葬のために引き渡されること」を強く要求したが、しかしその要求は、「人体を人目にさらすのではなく、生きているときは衣服に、死後は土に覆われる」という「洗練された民族にはあたりまえの風習」をよりどころとした大司教区長老会の嘆願書同様、拒否されることとなる。「王侯貴族のムーア人」アンジェロ・ゾーリマンは、一八四八年の革命の炎がこのひどい仕打ちにめぐみの終焉をもたらすまで、手足を切りとられ、標本にされて、敬虔の念を持たない大衆のセンセーショナルな物を見たいという欲望にさらされることを、甘受せねばならなかったのである。

国王陛下の近侍

ジャン・バティスト・クレリ

クレリ（Jean Baptiste Cléry 1759-1809）はフランス、パリの西に位置するヴォークレソンの生まれ。フランス革命のときに投獄されたルイ十六世の身近に近侍として仕え、王の処刑後は幾多の苦難を経てウィーンに安住の地を見出し、社交界に受け入れられた。数奇な運命を記した手記は当時のベストセラーとなった。

●ルイ十六世の近侍がなぜウィーンに

ウィーンにはめずらしい墓地がたくさんある。それにめずらしい墓も。しかしこれは、すべての墓のなかでもっともめずらしい墓の一つだ。ヒーツィング墓地のかなり古い区画の一つにあって、III/6という番号がついており、これといった飾りはなく、そこになかったならば、とくに訪問者の目をひくというわけではない暗灰色の花崗岩でできた墓石がそなえられているが、すでにひどく風化しており、不思議な墓碑銘がついている。「忠実ナクレリ、ルイ十六世最後ノ近侍」

フランス語を解さない者たちが過去帳で、形容詞の「忠実な」をファーストネームの「フィデル」

にしてしまったのだが、そのような名の男はいなかったし、いまもいない。一八〇九年五月二七日以降ここで地中に眠っている者のフルネームは、ジャン・バティスト・クレリという。誤って判然としないものにされてしまった彼のアイデンティティーをはっきりとさせたために、一八四八年に更新された墓碑銘を解読し、入念にドイツ語へ翻訳することがかなえられた。

「忠実なクレリ、ルイ十六世最後の近侍」

ルイ十六世とはオーストリア女性マリー・アントワネットと結婚したフランス王であり、彼女より九ヶ月早く革命法廷によって断頭台の露と消えた人物である。その従者がどうしてウィーンにやって来たのか。

神の恵みによる王であるルイ十六世は、ヴェルサイユ近辺の生まれの、王よりも五歳年下のジャン・バティスト・クレリが勤めにあがったときには二八歳であり、八年前からフランスの王位に就いていた。一七九二年夏、チュイルリー宮が襲撃されて、王一家が「タンプル」、今日の共和国《レピュブリック》広場のあたりにあったあの陰鬱な堅城に捕らわれの身となったとき、クレリは拘留されてゆく王（革命家たちはルイ・カペと呼んだ）、王妃、小さな王太子、娘のマリー・テレーゼ、王の妹であるエリザベト夫人らに同行したのだった。

●拘留され処刑を待つ王と辛苦をともに

十三世紀にテンプル騎士団によって建てられ、一七八九年七月一四日のバスティーユ襲撃以降空

㊳クレリ

のままになっていた、パリ市壁の外側にある建造物群の四階と五階〔タンプル塔〕の、王家の拘留者に割り当てられた幾部屋かにおいて、主人に仕えるクレリは王がギロチンの露と消えるまでのあいだ、その肉体的な健康が保たれるよう努めたのである。とりわけ二つの勤めがこの感じやすい男の心に残る。すなわち、彼は王のためにすでにすり切れそうになった衣装をきちんと整えておかねばならなかった。さらに、タンプル塔ではナイフとフォークを使うことがきわめてきびしく禁じられていたので、彼は王のために食事を食べやすい大きさに切りそろえねばならなかった。この五ヶ月のあいだに、三三歳の彼は――王家の面々とならんで――死を免れないこの君主のもっとも親しい者となった。彼のベッドは王のベッドの横に置かれていた。のちに彼を有名にし、それどころか金持ちにさえすることになる『ルイ十六世拘留中のタンプル塔における出来事に関する日記』のなかで、彼は拘留の日常についてこう記している。

「王はいつも六時に起きる。自分で髭を剃り、そのあと私が王の髪を整えて、服を着るのを手伝う。その後すぐ、王は読書室に入る。そこはたいへん狭いので、警部は寝室に残ったままだ――もっとも王をたえず監視できるように、ドアはなかば開けられたままであるが。王はひざまずいて五、六分お祈りをし、その後九時まで読書。そのあいだに私は彼の部屋を片づけ、朝食の用意をし、それから陛下の王妃のところへ行く。私は小さな王子の髪を整え、王妃の身支度を手伝い、同じ勤めをするために王女とエリザベト夫人の部屋に入る。この身支度の機会を捉えて、私は王妃と王女たちに、私が見聞きしたことを知らせるのである。話さねばならないことがあるときは、私は合図を送る。そうすると彼女たちの一人が警部と話をはじめて、彼の気をそらすのだ。一〇時に王が王妃の部屋へ降りてきて、そこで一家と一日をすごす。王は息子の教育に専念し、コルネイユとラシーヌをいくつか暗唱させたり、地理を教えたり、地図を書く手ほどきをしてやる。王妃のほうも王女の教育に取り組む。そのあとは縫い物をしたり、編み物をしたり、刺繍をしたりする。天気がよいときには王一家は一時に庭に出され、その機会に私は小さな王子とボールや円盤で遊び、走らせたり、ほかの運動をさせたりする。二時にわれわれは塔に戻り、昼食の給仕をする。」

こんな調子で、王と近侍がならんで味わう夜の安息の描写まで——クレリの日記はつづいていく。そのほかにもこの二人はすべてを分かち合うことに慣れていたので、ある朝、監視人たちの怠慢でクレリの朝食がないということが起こったとき、王は自分のパンの半分をクレリに与えたのだった。「これをとりたまえ、私は残りで十分だ。」クレリは恐縮してこの申し出を辞退したが、王はそれに固執してまげなかった。

「そのとき私は涙をこらえることができなかった。そして王がそれにお気づきになったとき、王もまた涙を流されたのだった。」

処刑のときが近づいてくる。ルイ十六世は遺言を起草する。「おのれの忠誠の犠牲になることを恐れねばならないにもかかわらず、私への真の忠実さからこの場所に閉じ込められた」ジャン・バティスト・クレリには、と王は指示する、「委員会に預けられた私の衣装、書物、時計、財布、そのほかの小間物」を手渡してもらいたい。

処刑の日の早朝クレリは教誨師が執りおこなう最後のミサの従者を務める。ひざまずいて従者の彼は王の祝福を受けたのだった。王がこの忠臣に求めた最後の二つの手助けは、監督官たちの異議によってかなえられなかった。彼は王が望むように王の髪を刈ることも、処刑台で王が服を脱ぐのを手伝うことも許されなかった。警部の簡潔な通知はこうである。「彼には死刑執行人で十分だ。」

クレリの日記の最後はこうである。「私はひとり部屋に残った。深い哀しみに圧倒され、ほとんど気も狂わんばかりになりながら。太鼓とラッパが、王が塔を出たことを告げた。一時間後に大砲の一斉射撃と〝国民万歳！　共和国万歳！〟という叫び声が聞こえてきた。あらゆる王のなかで最良の方はもはやおられない……」

●危難を乗り越えウィーンへ

革命以前からすでに王に仕えていたジャン・バティスト・クレリは、新たな支配者にはいかなる寛容さも期待できなかった。三月一日までタンプル塔に拘禁されたあと、六ヶ月後には、解放されたのち引きこもっていた自分の別荘で新たに逮捕され、一年間拘留されたのである。彼の名は処刑のリストに十三度も載りながら、そのつど見知らぬ者の手で消され、一七九四年八月のロベスピエール失脚後、クレリはようやく自由の身となる。

兄が商社を営み軍の納入業者として繁盛していたシュトラースブルクで、彼は会計監査役として避難所を見出す。同時に彼はタンプル塔でのあの五ヶ月間の回想をつづりはじめる。その際口の堅い書記が彼を手伝ったのだった。王女、すなわち「彼の」王の娘がフランス人捕虜と交換にオーストリア領に出されるらしいという噂が耳に届いたとき、クレリは彼女に同行して、その後は王女マリー・テレーゼに仕えるための、あらゆる手段を講ずる。ただ、ことはそう簡単ではなかった。第一に交換手続きは長期におよぶものだったし、第二に彼は旅券も金も持ってはいなかった。そして第三に彼は自分の家族——妻と三人の子ども——をフランスに残しておかねばならなかったのである。というわけで兄が彼を出張に見せかけてスイスに送り、バーゼルでクレリは友人たちの助けを借りて、ひそかにオーストリアへの国境を越えることに成功したのだった。アウクスブルクをへて彼はウィーンに達し、リンツに近いヴェルスで十七歳のマリー・テレーゼと短いながらも再会を果たす。

●社交界に受け入れられ日記がベストセラーに

王女に仕えるという彼の計画はむろん水泡に帰した。オーストリアとフランスは戦闘状態にあったのだ。ウィーンの宮廷は両国をたがいに隔てるあらゆる方策をとっていたのである。ただありがたいことに生計には配慮がなされた。一七九六年一月三一日のうちに皇帝フランツ二世は式部長シュタルヘンベルク公に、この新来の客人に人生の門出のための資金として一〇〇〇ドゥカーテン、ならびに年八〇〇グルデンの年金を授けるよう指示したのだった。

ウィーンの社交界もこのフランス人を温かく迎え入れた。彼の妻が彼の生活状態を尋ねてきたとき、彼はフランスにいる彼女にこう書き送る、自分はもっとも洗練されたウィーンの家々でディナーをとり、一日の四分の一を「散歩をしたり、訪問したり、休息したりして」すごしていると。フランス王制最後の日々に彼が果たした役割によって、ジャン・バティスト・クレリは社交界をリードするウィーン・サロンにおける興味深い人物となった。国王夫妻の死後に、断頭台にあがる前の国王夫妻の肖像画を仕上げようとしていた有名な画家エリザベト＝ルイーズ・ヴィジェ＝ルブルンは、ペテルスブルクからクレリにその詳細を教えてもらおうとするが、彼の叙述に驚愕して計画をふたたび断念してしまった。

ベルリンで王の近侍を務めていたクレリの弟もまた驚いた者の一人だった。十二年間二人は顔を合わすことがなかったのだが、いまようやく、弟が兄に肖像画《ポートレート》を求めたのである。弟が手紙を開封し、わざわざ彼のために仕上げられたプロフィールを手にしたとき、驚きが走った。タンプル塔での苦難のため、まだ四〇にも満たない兄が老人と化していたのである。

いまや肝心なことは、クレリの『ルイ十六世囚ワレノ日々ノ日記』を出版することであった。関心を示す出版社に欠くことはなさそうだったし、かなりの数の予約者も見込めた――ただウィーン政府が待ったをかけたのである。かくしてクレリは原稿をかかえてロンドンに向かう。その同じ年、つまり一七九八年のうちにはもう、表紙にタンプル塔、裏表紙にルイ十六世直筆の文字をあしらった、指ほどの厚さの小冊子が刷りあがる。幾つかの言語への翻訳がそれにつづき、ほどなくウィーンの書籍商シャウムブルクがドイツ語版も予告することになる。店頭価格は一グルデン。三日のうちに初版全六〇〇〇部がさばけた——ベストセラーだ！　その後数年のうちにもう書籍商たちは呻き声をあげることになる。「立派な蔵書のなかにはしばしば二〇部も含まれている。『クレリ日記』の載っていない古書のカタログもオークションの目録もない。ウィーンではすくなくともそれを目にしなかった者はいない。街はこの本で溢れている。」

ウィーンのジャーナリズムも、そもそも「日記」は著者の死後五〇年後にはじめて公開されるべきではないのか、というテーマに飛びついた。それに原稿はどこにいったのだろうか。「それはウィーンに保管されているのか——とすれば誰のところに。天のみぞ知る！」著者の人となりについての情報も乏しかった。「ムッシュー・クレリは礼儀正しい男だった。あらゆるフランスの近侍と同じ精神の持ち主だったが、しかしその心は打ちのめされ、悲嘆が彼の生命力をむしばんだ。」

●故郷に後ろ髪を引かれながらウィーンでの最期の日々

のちのルイ十八世の依頼で一連の旅行をおこなっていたクレリは四四歳のとき、これを最後にパリに姿をあらわす。子どもたちに会おうとしたのだ。息子のカールは将校、娘のベネディクタとユベルティーヌは貴族の屋敷でお相手の女性を務めていた。そして夫人のマリー・エリザベト、旧姓デュヴェルジェは？　彼女はどうやらつとに自分の立場をウィーンでの夫の伴侶にゆずってしまわざるをえなかったようだ。クレリの遺言でことのほかたっぷりと遺贈されることになる、あの秘密のヴェールに覆われたアデライーデ・ガウデレト嬢に。もっとも彼が三ヶ月の予定のパリ滞在をはやめに切り上げたのには、別の理由があった。彼は自分が推し進めていた『日記』のフランス語版にナポレオンに友好的なあとがきをつけ加える気がしなかったために、フランス当局の不興を買い、またしても逃げ出さねばならなかったのである。

そうこうするうちに彼はウィーンで富と名声を得ていた。四万フランケンをイギリスの国債に投資、残りでクレリはレーヴェル稜堡《バスタイ》に二カ所の土地を購入した。それを好条件で転売すると、メルカー稜堡に土地を買って住み、七つの部屋と三つの台所からなるその瓦屋根の二階建ての家（当時の住所ではクレッパーシュタイク三番地）に、自身の早い死まで移り住むことになる。ちょうど五〇歳になった彼が世を去る四日前に遺言を起草したとき、「消耗性かつ潜行性の発熱」ですでに非常に弱っていたため、彼の震える手が書けたのは署名のかわりにかろうじて五つの×印だけだった。最後の望みは、もっとも簡素な埋葬と二〇回の死者のためのミサであった。市中の自分の家ではなく、ヒーツィングのマキシング通り《シュトラーセ》で死が不意に襲ってきたため（そこに住んでいた伴侶のアデライーデ・ガウデレトがおそらくこの重病人の面倒を見ていたのだろう）、ヒーツィング地区にもいくらかの遺産がわたった。教区に二〇グルデンと小学校に一〇グルデンが。そして彼はヒーツィング墓地に埋葬され、永遠の眠りにつく。一八〇九年五月二七日、アスペルンの戦いでのナポレオン敗北の数日後のことであった。ウィーンのフランス大使館が今日にいたるまで供養料を負担している。

蛇足までにつけ加えておくなら、かつての王の近侍にして、のちのベストセラー作家であり家主であった彼は、ウィーンでの最後の数年、自分自身の使用人を使うことができたのだった。そして、処刑の直前に最後のとぼしい財産からいくつかの品をゆずってくれたかつての主人、つまりフランス王の例にならって、ジャン・バティスト・クレリもまた遺言で彼の召使いに遺贈することを忘れなかった。「私ハ私ノ召使イニ六枚ノシャツト背広ヲスベテ贈ル。」

不思議な変容

ミツコ・アオヤマ

ミツコ（Mitsuko Coudenhove-Kalergi 1874-1941）は東京生まれで旧名青山みつ。駐日大使として赴任してきたハインリヒ・クーデンホーヴェ＝カレルギー伯爵と結婚し渡欧。七人の子どもたちに帝国の有力貴族にふさわしい教育を施し、自らも猛勉強して夫の死後は伯爵家の切り盛りをし、苦難の生涯を異国で終えた日本人女性。

●名門貴族の若き外交官、日本に魅せられる

クーデンホーヴェ伯爵家はベルギーのブラバントの出であり、フラマン人に起源を有する。爵位を得たのは、一〇九九年のエルサレム攻略のさい最前線に立っていた同名の十字軍騎士のおかげである。今日まで残るこの有名な一族の子孫は、一二五九年に世を去った始祖ゲロルフまで連綿とその系譜をたどることができる。

ハインリヒ・クーデンホーヴェ＝カレルギーは一八五九年一〇月一二日、ウィーンで生まれた。ずっと以前からオーストリアに定住している一家は功績のある政治家を幾人も皇帝に提供してき

た。ボヘミアのロンスペルク城が彼らの本拠地である。ハインリヒには外交官としての人生が用意されていた。そのために必要な知識を彼はウィーン近郊にあるイエズス会の大学カルクスブルクで得た。最初の赴任地はアテネ、つぎがリオデジャネイロであった。ブラジルの原生林での猛獣狩りで彼は世界記録を樹立し、死後も『スポーツマン・ハンドブック』でその名を不動のものとしたのである。それよりもはるかに感銘を与えるのが、彼の並々ならぬ語学の才だ。コンスタンティノープルとブエノスアイレスでさらに外交の任についたあと――ついに東京の地を踏んだとき、三三歳の彼は十八カ国語をくだらない言語をわがものとしていた。

彼はとくに日本の文化に夢中になった。そしてあらゆることを試みたのである。極東の思考方法を身につけるだけでなく、それらをヨーロッパの同国人にも紹介したのだ。「日本は今日」、と彼は一八九四年にウィーンの外務省に報告している、「力、努力、若々しさ、それに生命力に充ち満ちた国である。達成できないものは何もないというオプティミズムにあふれ、同一種族、同一言語の四〇〇〇万の国民、健康的な気候、島国という安全な立地を有し、住民には燃えるような愛国心があり、みなが勉学と労働の意欲をそなえている」。

だがクーデンホーヴェ＝カレルギー伯はずっと時代に先んじていた。「ウィーン大学に中国語と日本語の講座を設立することの有益さ」について、彼が身を入れておこなった指摘は、棚上げにされたままになった。

●多くの隔たりと困難を乗り越えての国際結婚

私人としても彼は赴任地で熱を上げた。ちょうど三三歳になったばかりの彼が東京の古いサムライ一族の末裔である、十五歳若いミツコ・アオヤマと知り合ったとき、実現しがたいことを実現して、この魅力的な女性を妻とするのに、彼にとってどんなハードルも高すぎるということはなかった。

日本とオーストリア――両者のあいだには何という隔たりがあったことか。いまだ中世的な封建国家の影を身にまとっている極東のこの帝国は、西洋世界に対して開国すべく、おずおずとした一歩を踏み出したところだった。こんな容易ならざる境界を超えての結婚というのはかつてほとんどなかったことだし、まして彼のような階級では皆無だった。若い二人が情熱的に好意を抱き合っていたということは、この場合ほとんど問題にならなかった。すなわち、決めるのは彼らではなく、彼らの上に立つ人たちだった。花嫁の側では彼女の父、つまりミカドであり、花婿の側ではウィーンの宮廷だった。オーストリアのきたるべき大使の妻が日本人女性――当時誰がそんなことを想像できたろうか。しかし日本でこのような関係を結ぶことには、さらに大きな障害が立ちはだかっていた。仏教の精神ならびに孔子の道徳で育てられたミツコが、故郷を離れ、カトリックの信仰を受け入れねばならないというのか。

東京の大聖堂での洗礼は華々しく祝われはしたが、しかし多くの日本人の目には、厳格な日本の道徳律に対する許しがたい侵害の色が浮かんでいた。そして別れの謁見を執りおこなった皇后は、彼女に象牙彫りの高価な扇子を手渡し、この「離教者」から、異国の生活にあってもけっして日本の名誉を見失うことはないという、厳かな約束をとりつけたのだった。

ミツコは絵に描いたような花嫁だった。華奢でほっそりしており、均整のとれた顔立ち、象牙色の色つや、そして青みがかった輝きをはなつ漆黒の髪。彼女のような階級の少女から期待しうるあらゆるものを、彼女はわがものとしていた。書道、生け花、それに琴の演奏も。彼女は正座することができたし、古式にのっとってお辞儀することも、優美このうえない身のこなしも、さらに胸の内を微笑みで隠すこともできた。指のしなやかさを期待どおりの完璧なものにするため、彼女は小学校のときから——両手を乾燥した豆がぎっしりつまった袋に入れて——ねばり強く指を動かす練習をするように仕向けられたのだった。人から教え込まれた父親に対する恭順さを、彼女はいまや夫との交わりにおいても示し、のちには——またしても古式ゆかしい日本の道徳律に厳格にしたがって——長男との関係においても発揮したのである。ハインリヒ・クーデンホーヴェ＝カレルギーは、それを高く評価することを心得ていた。オリエントの家父長制はまったくもって彼の趣味にかなうものだったのである。女性の解放など彼にとっては考えただけでも虫酸が走るものだった。

●妻として、母として、日本人の心を失わずに

いまやマリア・テクラ・ミツ・クーデンホーヴェ＝カレルギー伯爵夫人を名乗るミツコ・アオヤマは、夫にしたがってオーストリアへと赴いた。そしてウィーン、二〇世紀への世紀転換期にはこ

㊴ミツコ・アオヤマ

の世界でもっとも国際的な首都のひとつであったウィーンは、この絵のように美しい異邦人を不思議そうな笑みをたたえながら両手を拡げて受け入れたのであった。東京にいるときから仕えていた乳母と、クーデンホーヴェ＝カレルギー伯の長年にわたるアルメニア人の近侍が、ヨーロッパへの旅につきしたがった。ヴァティカンでは教皇レオ十三世が私的な謁見で夫妻を迎え、ウィーンの王宮《ホーフブルク》では皇帝フランツ・ヨーゼフ一世が彼らを迎えたのだった。

夫に身も心も捧げながら、ミツコはもっとも深い部分では日本人女性でありつづけた。最初に生まれた二人の息子、ハンスとリヒャルトはまだ故郷東京にいるあいだに生まれたこともあって、彼らにつづく五人の子どもたちよりもつねに彼女にとって近しい存在であった。後の五人は夫の所領、ボヘミアのロンスペルク城で生まれたため、彼女にとっては「ボヘミア人」であった。そのなかの一人である息子のゲロルフだけが、のちに「日本人」となる。唯一彼だけが母親の国の言葉をマスターし、俳句の翻訳者として名をなして、さらに（プラハの日本大使館の一員として）日本のために働くことになる。次男のリヒャルトは（同時に汎ヨーロッパ運動の創始者としてもっとも有名であるが）、きわめつきの世界市民となり、その平和計画には当然極東もふくまれることになる。彼もまた母の故郷とのつながりをずっと保っていたことは、彼の哲学全集がドイツ語ではなく、日本語で刊行されたという事実が証明している。

母親との関係についてリヒャルト・クーデンホーヴェ＝カレルギーはのちにこう語ることになる。

「私たち子どもは、この世にとってあまりに善良すぎる人を愛するように、彼女を愛していました。生涯をとおして彼女は絵のように美しい人でした。七人の子をなしたあとの母は体重四七キロで、両手を腰に回すことができました。日本の着物を身につけているときの母が、もっとも美しくみえました。母が日本式に正座をして、ヨーロッパでの風変わりな生活について、両親に宛てていつはてるともしれない巻紙に筆で手紙をしたためているとき、私たちはよく彼女の応接間の片隅におとなしく座っていたものですが、その手紙はできあがると小さな木の箱に入れられて、東京へ送られるのでした。

日本の絵本に出てくる絵を母に説明してもらうのも、われわれは好きでした。すなわち、桃から生まれた桃太郎の話、狸の霊や狐の霊の話、そしてそれらが人間へ変身する話、神々や霊たちや悪霊の話、人間の魂が動物、木々、花々、星々のより大きな王国に織り込まれているこの秘密に満ちた世界の話を。

私たちの母がほとんど動くことなく何時間も鏡の前に座っている姿が、まだ私の目に浮かびます。

侍女が濃紺のコートのように肩越しに床までたれる母のみごとな髪に櫛を入れ、ブラシをかけているあいだ、他方母は無限の忍耐をもって自分の美しく長い爪の手入れをするのです。その爪を彼女は、ほかの女性が宝石を愛するように愛しているのでした。」

子どものころから一回使うごとに捨てられる箸に慣れ親しんでいた彼女が、ヨーロッパのレストランですでにほかの客たちが使ったスプーンとフォークではじめて食事をしなければならなかったときに、彼女を襲った嫌悪感、それを克服するのに彼女はどれほどの時間を要したろうか！

●夫に先立たれ、異郷でおのれの権利のために戦う

ウィーンの貴族社会においてミツコは、――すでに未亡人となって二年がたっていた――一九〇八年の晩夏に、上の息子たちのテレジアーヌム入学にともなって首都へと移住してきたとき、はじめて本当の意味で耳目を惹きつける存在となった。これまでの彼女が、ロンスペルク城の塔の一室で金の鳥かごのなかにいるかのように暮らし、夫は荘園領主として広大な領地を支配し、若い伴侶を嫉妬深く監視しながら、ミツコをあらゆる財産管理の問題から遠ざけていたが、いまやウィーンへの移住は彼女にとって自立することを意味した。そして家族の誰もが彼女にできるとは思っていなかったことが起きたのだ。彼女は七人の子どもの後見人になるだけではなく、一家の財産のみごとな管理者にもなりおおせたのである。一方では日本の詩歌と絵画によって郷愁をしずめ、他方ではドイツ語を習い、西洋の習慣を身につけ、子どもたちをヨーロッパの精神ならびにカトリックの

信仰において教育するという、彼女が夫のかたわらで送ってきた二重生活のおかげで、いまや彼女は若い未亡人としておのれの権利のために戦い、その戦いに——一流の弁護士たちの助けを借りて——全面勝利することができたのである。夫の一族は彼女が包括相続人として指名されている遺言を取り消すこともできなかったし、——三二歳になったばかりの彼女が新たに結婚して日本へ帰ってしまうのではないかという心配から——子どもたちに対する彼女の後見に異議を唱えることもできなかった。こうして、これまでおとなしく控え目だった女性が、いまや専制的な厳しさを持つ一家の長となったのである。息子のリヒャルトはその様子を回想のなかで、賛嘆すると同時に愉快そうに、いささか驚きながらも結局は理解を示して、つぎのように記すことになる。

「彼女は助言者すべてにきわめて深い不信感を抱いていたので、あらゆることがらを自分の頭で考えておこないました。いかなる問題、いかなる手続き、いかなる決算、いかなる勘定をも、彼女はすべて自分で熟読吟味したのです。何かわからないところがあると、彼女は縁に赤鉛筆で大きな疑問符をつけました。そして当該の役人が質問に答えられないと、即座にお払い箱となりました。わずかばかりのあいだに、母はお金の問題や農業経営について非常に多くのことを理解するようになったので、誰も彼女を騙すことはできなくなり、聡明さと倹約をもって、以前私たちの父親がやっていたのと同じぐらい立派に彼女と私たちの財産を管理したのです。

母の生活におけるこうした大変革は、結果として彼女の性格の大変革をもたらしました。かつてはあれほど柔和で辛抱強かった彼女が、厳しく専制的になったのです。かつての人柄は消え去り、新たなそれにとってかわりました。一家の長として彼女はあらゆる人たちから――子どもたち、従業員たち、役人たち、召使いたちから――恐れられました。彼女はこれまでの全生涯を通して従順に従ってきたのです――ところがいまや彼女は命令し、その命令を強調する術をもみごとに身につけたのです。彼女の専制のせいでもっともつらい思いをしたのは娘たちでした。というのも彼女はアジア的な自制と献身、それに盲目的服従を娘たちに躾けようとしたからです。」

とりわけオルガ――最後はメードリングの別荘で――母の死までそのかたわらで頑張りぬいたオルガが、それを痛感させられたのである。息子たちが家を出ておのれの道を歩み出したとき、彼女は世間からここに身を引いたのである。紺色の軍服、将校の帽子、それに金の握りのついた剣というテレジアーヌム新入生の颯爽とした制服を身につけ、いずれの社交の場でも賛嘆のまなざしを集めた息子たちと並んで、ウィーンへ華々しく登場したものだったが、それももう遠い昔の思い出にすぎなかった……

●再びまみえることのなかった日本への思い

故郷日本との結びつきをミツコは引きつづきしっかり保っていたが、ただしふたたび極東の地へ旅に出ることはなかった。両親が死んで以来彼女は、日本もまた大きく変わったということ、だから日本との再会はおそらく失望におわるだろうということを知っていた。それだけに、天皇の弟君夫妻が世界周遊中にウィーンに立ち寄られた際、彼らの接見を受けたというのは、彼女にとって大きなことだった。彼女は日本の外交官たちと接触を保ち、引きつづき日本の本や新聞を読み、自分の蓄音機で日本の音楽をかけていた。みずからが創設した汎ヨーロッパ運動の総裁として新聞の大見出しを飾った息子リヒャルトの出世に関しては、ヨーロッパの指導的な新聞のどんな立派な論説よりも、日本の地方紙のほんのちっぽけな記事のほうが彼女にとっては大切だった。

日本は、マリア・テクラ・ミツ・クーデンホーヴェ゠カレルギー伯爵夫人が実に多くの点でかつてのミツコ・アオヤマでありつづけたことに、今日にいたるまで彼女に感謝をもって応えている。彼女の故郷日本では彼女に関する書物が書かれ、彼女のつねならぬ人生がテレビのシリーズで描かれ、少女向けのコミック誌では彼女がヒロインに祭りあげられている。そしてヨーロッパを旅する多くの日本人観光客たちが、彼女が一九四一年以来、キリストの十字架、クーデンホーヴェ゠カレルギー家の紋章、母子像のレリーフ、それに「み国が近づきますように」という主の祈りの一節のもとに眠っているヒーツィング墓地の彼女の、その墓で彼女に敬意を表している。それは立派な墓であるが、旧姓をのぞいては死者が遠い国からやって来たことを示すものは何一つないので、訪問者の多くはその不足を

㊵クーデンホーヴェ=カレルギー家の墓（ウィーン，ヒーツィング墓地。一番下にミツコ・アオヤマの名が刻まれている。）

埋め合わせるために、煎餅や酒といった日本からもってきた土産の品を段の上に置いて行く。さらに幾人もの事情に通じた者たちは、この機会に近くにあるクリムトの墓にも足を運ぶのである。非常に多くの日本の美術愛好家が抱くウィーンのユーゲントシュティールに対する親近感は、日本の絵画がグスタフ・クリムトの作品におよぼした強い影響に由来しているのだ。

訳者あとがき

「ここウィーンにはヨーロッパ文化のあらゆる流れが合流した。宮廷にあって、貴族において、民衆のなかで、ドイツ的なものは、スラヴ的、ハンガリー的、スペイン的、イタリー的、フランス的、フランドル的なものと血で結びつき、すべての対立を一つの新しい独自のもの、オーストリア的なものへと調和せしめて解消することが、この音楽の街の本来の天才性というものであった」と、シュテファン・ツヴァイクがいみじくも記しているように、ウィーンはハプスブルク帝国の帝都だった時代から、長きにわたって国外のさまざまな人材や文化を受け入れ、自国の基礎となる多民族性を作りあげてきた。他都市には見られないウィーンの特性はまさにこの点にある。D・グリーザーの本書はこのように集約される特性を、その根底にある個々の具体例、すなわちウィーンを自らの意志で「選んだ故郷」と定めて、さまざまな形でこの街のために尽くした天才的異邦人の数奇な運命をもって語る、ユニークな一冊である。原著（Dietmar Grieser: Wien — Wahlheimat der Genies. Amalthea, 1994; 5. Auflage 1995.）は三〇人の事例を取り上げているが、『ウィーン、わが心の故郷——多文化が花咲く街に魅せられた異邦人たち』と題した本訳書では、そのうち日本人には殆ど馴染みのない六人を省き、残りの二四人の章を訳出した。

その際に褒められるべきは、この選んだ故郷ウィーンのために全身全霊を以て尽くした天才的異邦人の側だけにあるのではない。その背景には、偏見を抱かずに彼らの才能を進んで認め、活躍の場を用意して、その成長成果を大いに称揚した、皇帝から市民に至るまでの大らかな精神のあったことを、本書はエピソードも豊富にユーモアさえも交えて見事に伝えている。そうした土壌でこそ、外国生まれのしがない旅芸人だった人物も自己の才能を十二分に開花させ、ヨーロッパ舞台芸術の頂点を成す大女優になり、貴族にまで登り詰めることができたのである。偉大な芸術的才能に惜しみない賛辞を与え、それを最高のものに育て上げる点でこそ、ウィーンはまさに芸術のメトロポーレと言えるのである。

本書の著者ディートマル・グリーザー氏は「まえがき」で語っているように、ウィーンが第二次世界大戦後の戦勝四カ国による共同占領体制をようやく脱却して、独立永世中立国の首都になって二年目の一九五七年に北ドイツからやって来て、そのままウィーンに住みつき、この「選んだ故郷」の歴史や文化を書いて、ウィーンを代表するエッセイストとなった人物である。まさしく彼自身が本書で取り上げている事例を自ら体現している。本書を邦訳したいとの思いは編集者の康さんと早くから共有していた。それというのも、われわれはともにウィーンに魅せられ、その多民族的文化に共感していたからである。それに加えてわたしはグリーザー氏と同じ一九三四年生まれであり、早くから彼の文化的フィールドワークを基調とする著書に触発され、わたしなりにウィーンを初めとする中欧の都市探訪に努めてきたからでもある。

わたくしがはじめてウィーンを訪れたのは、グリーザー氏に遅れること十三年、一九七〇年四月下旬のことであった。ドイツ連邦共和国のフンボルト財団の招きで、西ドイツ留学が叶い、その年の四月一日に日本を発ってはじめて西ドイツへやって来たのだが、マールブルク大学での研究生活が始まるのに先立って、二ヶ月間の語学研修をバイエルン州のオーストリア国境に隣接する町ブラネンブルクのゲーテ・インスティトゥートで受けていたときのことである。当時の為替レートは一ドル三六〇円、東京―ヨーロッパ間の航空運賃が四八万八千円、これに対して日本人の大学出の平均初任給が月三万円にも達しない時代だったから、私費でのヨーロッパ留学は無論のこと、短期の観光旅行すら及びもつかなかった。パソコンもスマホもない当時、ヨーロッパの情報は新聞かテレビで報じられる程度で、まだまだ乏しかった。加えて「プラハの春」の直後で、ヨーロッパはまさに冷戦のさなかにあった。ウィーンはすでに永世中立国の首都になってはいたが、壁によって分断されていたベルリンやソ連軍を中心とするワルシャワ機構軍の監視下に置かれていたプラハよりも、さらに東に位置する都市である。東洋人のわたしには物理的にも心理的にもまだまだ遠い東の都市との思いが拭えなかった。

ゲーテでの授業が三日ほど休みになった機会に、同じ語学研修生だったアメリカ人とわたしを入れて三人の日本人という奇妙なグループで、ウィーン行きを敢行したのである。西独の他にはイタリアとデンマークへの入国滞在しか許可されていないわたしの公用旅券で、果たしてオーストリアに入国できるのか、はたまたウィーンで泊まるところを見つけられるのか、まったくわからないまま、今行かなければ訪問の機会を逸するとの思いが募り、最寄りの急行停車駅ローゼンハイムで東に向かう列車に飛び乗ったのである。

春の遅いヨーロッパではまだ陽光も弱く、ウィーン西駅には何か薄ら寒く物憂い雰囲気が漂っていた。ホテル斡旋所なるものを見つけてなかへ入ろうとしたとき、同行のアメリカ人がその傍らに立っていたベレー帽の中年女性を連れて来て、彼女が部屋を提供してもよいと言っている、行ってみないかと言い出した。わたしをも含め、はじめてヨーロッパへ来てまだ一ヶ月も経たない日本人には、駅で客待ちをしていた知らない女性においそれとついて行く勇気はとてもなかったが、同行のアメリカ人はベトナム戦争による徴兵を忌避して、ヨーロッパ文化を学びに来ている、度胸もあり知性も備わった好青年だったので、むしろ彼を信じ、この勧誘に応じたのである。女性の古びたフォルクスワーゲンに乗って連れて来られたところは驚くなかれ、庭に囲まれ、鉄格子の門を構える、三階建ての別荘であった。まもなくそこが、アウマン広場《プラッツ》から東へ上がる高級住宅街テュルケンシャンツ通りで、少し先のシュテルンヴァルテ（天文台）通り七一番地は、アルトゥール・シュニッツラーが晩年の二一年間を過ごした彼最後の住まいであることを知ったのである。

こうしてわたしの最初のウィーン訪問は高級住宅の素晴らしい部屋に寝泊まりし、精力的に市街を見て回る感動の三日間となった。これが契機となって、二年後には家内とともにウィーンを再訪し、この同じ邸宅に泊めてもらった。そしてますますウィーンに惹かれ、十九世紀ドイツ文学研究から舵を切って、オーストリア文学、ウィーンの都市文化研究を主たる研究テーマと定めるようになったが、それにはこのときの体験が大きく影響している。同時に文化のフィールドワークに基づいて、中欧のメトロポーレの諸相の究明に努めていたグリーザー氏の著書にも、大いに触発された結果でもある。

爾来四五年間、わたしが最も頻繁に訪れたヨーロッパの都市はウィーンということになった。わたし自身はグリーザー氏のようにウィーン市民とは成り得なかったが、わたしの最初のマールブルク留学時以来親交を深めていた台湾出身の経済学者L氏がまさにウィーンに住みつき、永住権を得てウィーン市民となるに至って、わたしはほぼ毎年一、二回はウィーンに彼を訪ね、そのアパートに居候して、そこを拠点に、本書をはじめてする、グリーザーの著書 "Schauplätze der Weltliteratur" 1974（『世界文学の舞台』）や "Wiener Adressen" 1989（『ウィーンのアドレス』）、"Stifters Rosenhaus und Kafkas Schloß. Reisebilder eines Literaturtouristen" 1995（『シュティフターの「薔薇の家」とカフカの「城」。一文学旅行者の旅行絵図』）などを携え、氏同様ウィーンを巡り中欧の諸都市を廻って、都市文化のフィールドワークに努め、何冊もの著書、訳書を上梓し、専門はと聞かれれば、僭越ながら「中欧都市文化論」と答えるようになった。

こうしてわたしは大修館書店からも単著共著共訳書をあわせてすでに四冊の本を出してもらったが、これらはすべてわたしに劣らずウィーン文化に熱い情熱を傾注し、造詣を積み重ねてこられた名編集者の康駿さんとの出会いがあってこそ、実現できたものである。とくに今回の訳書は、ウィーン的なもの、オーストリア的なものに惹かれた康さんとわたしとの長い交わりの最後を締め括る一冊であり、それだけに一層感慨深いものがある。そしてちょうど十五年前に同じく康さんの編集で、大修館書店から訳出出版したクラウス・ティーレ=ドールマンの『ヨーロッパのカフェ文化』のときと同様、今回の翻訳もわたしの娘婿の友田和秀氏が作りあげた翻訳原稿にわたしが目を通して、さらに編集者の康さんからの的確な助言をも受けて、事実関係の記述に遺漏がないかをも確かめて、完成させたものである。そうした編集の過程で、わたしが撮っていた写真、別に康さんが独自に見つけて来られた写真や図版も何葉か加えて、充実を図った。とくにフェルンコルン、トーネット、スヴィーテン、クーデンホーヴェ=ミツコ・アオヤマなどの章では、記述に沿う写真、図版を添えることができた。その意味でも、この翻訳書は原著以上に充実したものになったと自負している。これもまさに康さんの尽力に因るものであることは言うまでもない。定年を迎えられた康さんは、このあとオーストリアのいくつかの修道院の図書館巡りをされるという。ここに、これまでの労をねぎらい、衷心より感謝する次第である。

平田 達治

二〇一五年四月

写真・図版出典

① Dietmar Grieser's own archive
② 撮影：平田達治
③ http://commons.wikimedia.org/wiki/File:Prince_Metternich_by_Lawrence. jpg
④ Dietmar Grieser's own archive
⑤ 撮影：平田達治
⑥ 撮影：平田達治
⑦ Dietmar Grieser's own archive
⑧ 撮影：平田達治
⑨ http://commons.wikimedia.org/wiki/File:Ludwig_Speidel
⑩ http://commons.wikimedia.org/wiki/File:Heinrich_Laube.jpg
⑪ http://commons.wikimedia.org/wiki/File:Hans_Makart_003.jpg
⑫ Dietmar Grieser's own archive
⑬ 撮影：平田達治
⑭ Dietmar Grieser's own archive

⑮ http://commons.wikimedia.org/wiki/File:Lotte_Lehmann_in_Beethoven%27s_Fidelio
⑯ Dietmar Grieser's own archive
⑰ 撮影：平田達治
⑱ http://commons.wikimedia.org/wiki/File:Joseph_Willibrod_M%C3%A4hler _001.jpg
⑲ 撮影：平田達治
⑳ Dietmar Grieser's own archive
㉑ 撮影：平田達治
㉒ Dietmar Grieser's own archive
㉓ 撮影：平田達治
㉔ http://commons.wikimedia.org/wiki/File:Anton_Dominik_Fernkorn.jpg
㉕ 撮影：平田達治
㉖ 撮影：平田達治
㉗ 撮影：平田達治
㉘ http://commons.wikimedia.org/wiki/File:TheophilHansen.jpeg
㉙ 撮影：平田達治
㉚ 撮影：平田達治
㉛ Dietmar Grieser's own archive
㉜ 写真提供：島崎信，㈱アイデック
㉝ 撮影：平田達治

㉞ Dietmar Grieser's own archive

㉟ 撮影：平田達治

㊱ http://commons.wikimedia.org/wiki/File:Alfred_Gerngross_1879.jpg

㊲ http://commons.wikimedia.org/wiki/File:Angelo_Soliman.jpg

㊳ Dietmar Grieser's own archive

㊴ Dietmar Grieser's own archive

㊵ 撮影：平田達治

[訳者紹介]

平田達治（ひらた　たつじ）

1934年　奈良県生まれ。大阪大学大学院修士課程修了。

現　在　大阪大学名誉教授

専　攻　ドイツ・オーストリア文学，中欧都市文化論

友田和秀（ともだ　かずひで）

1958年　京都市生まれ。京都大学博士（文学）。

現　在　奈良県立医科大学准教授

専　攻　20世紀ドイツ文学・思想史

ウィーン，わが心《こころ》の故郷《ふるさと》——多文化《たぶんか》が花《はな》咲《さ》く街《まち》に魅《み》せられた異邦人《いほうじん》たち

NDC209／xvii, 255p／20cm

初版第1刷——2015年5月20日

著者————ディートマル・グリーザー

訳者————平《ひら》田《た》達《たつ》治《じ》／友《とも》田《だ》和《かず》秀《ひで》

発行者————鈴木一行

発行所————株式会社 大修館書店

〒113-8541 東京都文京区湯島 2-1-1

電話 03-3868-2651（販売部） 03-3868-2294（編集部）

振替 00190-7-40504

[出版情報] http://www.taishukan.co.jp

装丁者————中村友和

印刷所————倉敷印刷

製本所————牧製本

ISBN978-4-469-21351-5 Printed in Japan